乌兰牧骑的长盛不衰表明，人民需要艺术，艺术也需要人民。在新时代，希望你们以党的十九大精神为指引，大力弘扬乌兰牧骑的优良传统，扎根生活沃土，服务牧民群众，推动文艺创新，努力创作更多接地气、传得开、留得下的优秀作品，永远做草原上的"红色文艺轻骑兵"。

——摘自2017年11月21日习近平总书记给苏尼特右旗乌兰牧骑队员们的回信

我们永远做草原上的「红色文艺轻骑兵」

国家出版基金项目

2023年主题出版重点出版物

中国第一支乌兰牧骑

孟克吉日嘎拉 乌兰朝鲁 朱洪坤 主编

内蒙古出版集团
内蒙古科学技术出版社

图书在版编目（CIP）数据

中国第一支乌兰牧骑：汉文、蒙古文 / 孟克吉日嘎拉，乌兰朝鲁，朱洪坤主编. -- 赤峰：内蒙古科学技术出版社，2024.3
ISBN 978-7-5380-3423-3

Ⅰ．①中… Ⅱ．①孟… ②乌… ③朱… Ⅲ．①乌兰牧骑文艺宣传队－历史－汉、蒙古语（中国少数民族语言）Ⅳ．①G247

中国国家版本馆CIP数据核字（2024）第018382号

中国第一支乌兰牧骑

主　　编：	孟克吉日嘎拉　乌兰朝鲁　朱洪坤
责任编辑：	王志秀　季文波　那顺青格乐
封面设计：	王　洁
出版发行：	内蒙古出版集团　内蒙古科学技术出版社
地　　址：	赤峰市红山区哈达街南一段4号
邮购电话：	0476-5888970
排　　版：	赤峰市阿金奈图文制作有限责任公司
印　　刷：	内蒙古爱信达教育印务有限责任公司
字　　数：	209千
开　　本：	710mm×1000mm　1/16
印　　张：	16.25
版　　次：	2024年3月第1版
印　　次：	2024年3月第1次印刷
书　　号：	ISBN 978-7-5380-3423-3
定　　价：	45.00元

如有印装质量问题，请与我社联系。电话：0476-5888926　5888917

版权所有　侵权必究

编委会 BIANWEIHUI

主 任

陈玉成

副主任

王占奇　那斯图　聪　羙

委 员

唐文生　杨占青　乌恩其　白乙拉　钱秀军

那日苏　朱洪坤　贺·达布希拉图　乌宁夫

张艳敏　朝·萨如拉　宝　喜　扎　那

阿拉滕同嘎拉嘎

主 编

孟克吉日嘎拉　乌兰朝鲁　朱洪坤

资料搜集

孟克吉日嘎拉　贾凤英　刘　丹

目 录

第一章　破土而出的红色嫩芽

采访札记　　　　　　　　　　　　　　2
中国第一支乌兰牧骑诞生亲历记　　　　8
中国第一支乌兰牧骑首任队长　　　　　16
红色嫩芽在北疆萌发时　　　　　　　　22
永恒的记忆　　　　　　　　　　　　　32
在乌兰牧骑的岁月　　　　　　　　　　43
我的人生"福地"　　　　　　　　　　47
乌兰牧骑党支部的建立　　　　　　　　54
感动的心　　　　　　　　　　　　　　57

第二章　冉冉升起的一面旗帜

采访札记　　　　　　　　　　　　　　62
演出中的小插曲　　　　　　　　　　　68
怀念父亲　　　　　　　　　　　　　　71
事业之路——乌兰牧骑　　　　　　　　75
关于乌兰牧骑的一些回忆　　　　　　　78
一次辅导基层文艺的经历　　　　　　　81
和牧民在一起　　　　　　　　　　　　85
草原上最美的彩虹　　　　　　　　　　90
影响最大的人和印象最深的事　　　　　92
难忘的轻骑兵岁月　　　　　　　　　　97
永恒的精神在传承　　　　　　　　　　99
学习木偶剧的经历　　　　　　　　　　102

草原上的木偶剧 流动的幼儿园	104
额吉的眼泪	108
我的父亲巴图德力格尔	110
为事业牺牲自我	112
参加国庆的经历	115
一件往事	117
蹭 饭	119
在乌兰牧骑的趣事	122
轻骑兵的一员 　　——我的父亲宝日巴特尔	127
在乌兰牧骑的回忆	130
难忘的演出	133
坚 持	136
乌兰牧骑的记忆	139
"全国行"——难忘的乌兰牧骑巡演记	143
精彩片刻的记录	145
飞花似梦	147

第三章　扎根北疆的一道风景

采访札记	152
铭记心间的嘱托　奋发前行的动力	158
有一种美叫肩上有责任 　　——我的全国政协委员经历	169
难忘的经历　伟大的使命 　　——我的全区党代表经历	176

在那达慕上相识的朋友	182
行进中的乌兰牧骑	186
结　缘	189
人民的乌兰牧骑	192
扎根基层服务群众	195
难忘的大年三十儿	198
和平是永恒的旋律	201

第四章　永远的"红色文艺轻骑兵"

采访札记	206
发挥好中国第一支乌兰牧骑的 　　"旗帜"作用	212
群众的满意是对我们最大的褒奖	217
人民需要什么样的文艺	220
永远做草原上的"红色文艺轻骑兵"	224
做新时代"红色文艺轻骑兵"	228
牢记嘱托，勇担使命	231
我们是草原上的"红色文艺轻骑兵"	235
乌兰牧骑党员永做基层的"轻骑兵"	241
红色文艺盛开在大漠	243
让乌兰牧骑这面旗帜永远飘扬在 　　河套大地上	245
我与满洲里市乌兰牧骑共同成长	248

第一章

破土而出的红色嫩芽

采访札记

乌兰牧骑是在党的文艺方针和民族政策的指引下，结合内蒙古实际创建起来的综合性文化工作队伍，是活跃在内蒙古自治区的草原红色文化轻骑兵。在蒙古语中，"牧骑"一词是"嫩芽"的意思。取此寓意，引申为"文化工作队"，在这一词上又冠以"乌兰"二字。"乌兰"一词在蒙古语中为"红色"的意思，象征着光明与革命。这样，"乌兰牧骑"这一名词就被赋予了一种新的内容，成为今天各民族群众都非常熟悉的"红色文化工作队"了。"红色文化工作队"的性质决定了乌兰牧骑自诞生之日起，就熔铸着革命文化的红色基因，传承着民族文化的深沉血脉。

锡林郭勒盟苏尼特右旗乌兰牧骑，是中国第一支乌兰牧骑。通过访谈、调查，我们发现，第一支乌兰牧骑之所以在这里诞生，是因为有着特定

的社会环境和历史条件。

1957年时的内蒙古地区经济还比较薄弱，尤其是牧区和半农半牧区，地域辽阔、人口分散、交通不便，不但经济落后，而且在文化生活方面更加匮乏。而世世代代劳动、生活在这一地区的蒙古族和其他各族人民，正期待着富裕、繁荣、文明的日子能够在他们的家乡早日实现。

时任中共内蒙古自治区委员会第一书记、自治区政府主席的乌兰夫，在视察过程中对基层群众，特别是牧区分散居住的广大牧民，长期听不到新闻，看不到戏剧、电影、文艺演出的情况十分关心。他在去北京开会时，向周恩来总理讲到了这件事。周恩来总理指出，是否可以研究一种能够满足基层群众文化生活需要的办法，建立相应的队伍。此后，自治区各级人民政府在全区牧区和半农半牧区的各旗县普遍建立了以活跃群众文化生活为主要任务的文化馆和文化站。由于机构性质与队伍结构所限，这些"馆"或"站"难以深入到边远的牧区和半农半牧区。面对这种情况，自治区文化局一直寻求解决办法，并于1957年年初指示各地文化部门研究探讨这一问题。

1957年5月初，自治区文化局认真分析了全区大部分地区长期听不到广

玥哲/摄影

播,看不到电影、演出、展览、图书的实际情况,作出了关于在牧区进行文化工作试点的决定。这个决定经内蒙古自治区党委同意后,文化局派出几个工作组深入牧区调查研究。工作组到了几个牧民分散居住地区进行调查,了解了牧民们文化生活贫乏的情况。回来后,经过一番研究提出:鉴于牧区、半农半牧区地广人稀、交通不便和居民居住极其分散的情况,必须建立一支装备轻便、组织精干、人员"一专多能"、便于流动的小型综合文化工作队。这种小型综合文化工作队,人数少,不需要投入许多钱置办演出道具,活动轻便,一挂马车即可将演出人员和器具装下,很容易在广阔草原上行动,到各个牧场去演出,可以把文化服务的面铺得更大。

这就是内蒙古自治区文化局关于乌兰牧骑的最初构想。1957年5月,内蒙古自治区文化局正式制订了一个"乌兰牧骑试点计划",乌兰牧骑试点工作首先在群众文化工作比较活跃的昭乌达盟(现今赤峰市)翁牛特旗和锡林郭勒盟苏尼特右旗进行。

参加试点工作的同志想到,如果把整个革命事业比作"大树"的话,那么牧区文化工作不就是其中的一枝"嫩芽"——"牧骑"吗?"乌兰",汉语意为"红色",红色是光明与革命的象征。我们的牧区文化工作队,从某种意义上说,也是传播光明与革命的使者。因此,用"红色"来命名我们的牧区文化工作队是最恰当不过的了。经过这样的精心构思,革命事业之树的"红色嫩芽——乌兰牧骑"这一富有新意的名字就诞生了。1957年6月17日,这个如今在全国人民中早已耳熟能详的名字,就在全国第一支乌兰牧骑——苏尼特右旗乌兰牧骑正式命名了。时任内蒙古自治区文化局党组书记、副局长的布赫同志曾亲自到苏尼特右旗了解乌兰牧骑的试点工作进展情况,指导大家把试点工作认真搞好。苏尼特右旗乌兰牧骑试点之初队员为12人、一辆马车、几件乐器和少量服装。自诞生之日起,苏尼特右旗乌兰牧骑就确立了全心全意为农牧民服务的宗旨,深入基层开展演出、宣传、辅导、服务,他们始终用最好、最乐观的精神面貌，为农牧民群众送去欢乐。哪里艰苦哪里困难就去哪里，牧民的羊圈、蒙古包、草场都是他们的舞台。沙窝子里没有路，他们就背上道具和乐器步行去给老乡演出，路上碰到一个牧民也要表演几个节目再走。演出之余，队员们和牧民群众一起，同吃同住同劳动，帮助牧民打井、打草、接羔、放牧、剪羊毛，辅导他们学习文化。用放映幻灯片等形式，给牧民宣传党的政策，普及科学知识，帮助指导当地公社文艺宣传队排练文艺节目，收集和整理民间艺术资源。舞台上他们是乌兰牧骑队员，台下他们是农牧民的朋友亲人，与农牧民打成一片，受到农牧民的热烈欢迎。

苏尼特右旗位于内蒙古自治区中部、锡林郭勒盟西部，北靠口岸城市二连浩特市，与蒙古国接壤，国境线长18.15公里。全旗总面积2.23万平方公里，辖4个苏木（内蒙古自治区牧区的行政区划单位，相当于乡，后同）、3个镇，共63个嘎查村、15个社区，常住人口6.01万人，是一个汉族、蒙古族、回族、满族等11个民族聚居的边境牧业旗。据《苏尼特右旗乌兰牧骑大事记》记载，全国第一支乌兰牧骑之所以能够诞生在苏尼特右旗主要有以下几方面的因素：一是形势的迫切需求。二是人民群众的强烈愿望。三是中华人民共和国成立前这里曾有大小不一的七所学校，群众普遍有一定的文化基础。四是曾在各校任过教的纳·赛音朝克图、达木丁苏荣、乌尼格日勒等教师非常注重艺术方面的教育，学生有一定的文艺基础。乌尼格日勒后来成为苏尼特右旗乌兰牧骑创始人之一。五是于1950年5月成立的旗直小学"那仁宝拉格学校"，适时组建了一支文艺队，面向全旗进行宣传演出。队员中巴图朝鲁、巴登嘎日布、呼尔查格日勒、额尔德尼等后来都成了乌兰牧骑第一代队员。六是苏尼特右旗地理位置、交通条件优于其他地区，适于乌兰牧骑试点的普及推广。

中国第一支乌兰牧骑诞生亲历记

▲ 2017年4月19日,伊兰老师为乌兰牧骑题词

伊 兰（1935—2020年）

出生于乌兰浩特市，蒙古族，1957年苏尼特右旗乌兰牧骑建立时被调入乌兰牧骑当演员，1990年任队长，1992年从乌兰牧骑退休。

1963年作为全区先进工作者参加国庆观礼，1984年10月曾代表内蒙古自治区带领苏尼特右旗乌兰牧骑参加中华人民共和国成立35周年庆典活动，1987年在乌兰牧骑成立30周年庆典活动中获得内蒙古自治区文化厅表彰，1992年获全盟创建第一支乌兰牧骑卓越贡献荣誉奖，2007年在自治区乌兰牧骑建立50周年庆典活动中获乌兰牧骑事业奉献奖，2017年在自治区乌兰牧骑建立60周年表彰活动中荣获乌兰牧骑事业特别贡献奖，2017年8月被苏尼特右旗委、政府授予"乌兰牧骑第一代演员"称号。

扫码欣赏
纪录片《回忆录》

▲ 乌兰牧骑建队初期排练革命传统剧目《沙家浜》

◀ 20世纪80年代，伊兰为舞蹈演员辅导

首创试点

20世纪50年代中期，在党的文艺政策指引下，内蒙古的文艺事业日趋繁荣。内蒙古自治区文化局根据中央和自治区党委关于开展民族文化工作的指示，针对牧区、半农半牧区地广人稀、交通不便、牧民的文化生活异常匮乏的情况，为开展好牧区、半农半牧区文化工作，满足牧民群众日益增长的文化生活需要，决定推行乌兰牧骑试点工作。1957年6月，组织试点工作组到苏尼特右旗进行了为期3个月的试点工作，这样中国第一支乌兰牧骑便在苏尼特草原上诞生了。

当时苏尼特右旗有4个苏木、3个镇和1个区，面积约2.23万平方公里，牧民人口约9000人，是锡林郭勒盟人口较少、居住分散的一个旗。境内山地较少，沙漠延绵，交通不是很方便。1956年虽然成立了旗文化馆，也取得了一定的成绩，但工作还需要进一步深入。此时让文化馆担负为牧区、半农半牧区全体牧民服务的任务是很困难的。因此，自治区文化局决定在苏尼特右旗搞乌兰牧骑试点工作。这得到了旗委、旗政府的高度重视，任命当时文化馆馆长乌力吉陶克套同志为首任队长，负责筹建工作。在原有文化馆的基础上，从旗属各单位选拔人员、补充编制、增添设备，明确了工作重点。于是，我从旗团委调入乌兰牧骑工作。

自治区文化局工作组来苏尼特右旗后，首先向乌兰牧骑的全体工作人员传达了中央及自治区的有关文件精神，领学了毛泽东《在延安文艺座谈会上的讲话》，公布了对于试点工作的初步设想，布置了具体任务。工作组要求所有队员都上第一线，提倡培养"一专多能"的艺术人才，互相配合完成一整场演出。擅长乐器演奏的队员在进行独奏表演时，其他不太擅长乐器独奏的队员们，也要使用一些打击乐器——木鱼、鼓进行配合表演。每个队员都要能演会拉，能跳会唱，并且会放幻灯片，能讲解图片。还要求乌兰牧骑要通过民族歌舞、好来宝、幻灯片、图书、图片、广播，以及报告、座谈等形式，向牧民群众进行共产主义教育，普及科学知识和卫生常识，辅导群众开展业余文化艺术活动，编创、翻译歌曲宣传政策，搜集整理当地民间文化遗产。我们通过学习实践，认识到组建乌兰牧骑的重要性，坚定了为乌兰牧骑事业奉献青春的决心。

自治区文化局派来搞试点的同志有庆来、吴魁、达瓦、图布新、刘英男、张敏（女）等，辛沪光老师和文化局社会文化处处长阿日贡多次前来指导工作。内蒙古群艺馆的图布新老师给我们上声乐课，达瓦老师上舞蹈课。他们指导我们乌兰牧骑的9名队员结合牧区生活实际，排练了十几个节目。6月中旬，我们便携带演出用具和帐篷，坐着马车，到各地巡回演出。针对牧区地域辽阔、居住分散的特点，我们且演且走，遇见定居点和放牧点就停下来，在风沙中化装，从蒙古包外演进蒙古包内，为行动不便的老人演出。这年夏天，苏尼特草原干旱少雨、日炙风热。途中，我们常常喝不上水、吃不上饭，即使到了定居点，几天不洗脸也是常有的事，因为那时水特别珍贵，需要牧民背着木桶步行十几里背水。在如此艰苦条件下，大家没有一个人请假或叫苦，反而每天都是那么乐观，我们坐在马车上唱歌、谈笑风生。大家对作为中国第一支乌兰牧骑的队员都充满了自豪感和责任感，感觉浑身有使不完的劲。

乌兰牧骑试点工作后期，自治区文化局党组书记布赫亲自来苏尼特右旗进行全面验收，宣布乌兰牧骑试点工作圆满完成。后来，自治区文化局派来的工作组成员也都全部回到呼和浩特市。从此，在党和政府的关怀和支持下，苏尼特右旗乌兰牧骑茁壮成长，乌兰牧骑的试点经验也在全区逐步推广开来，各牧区和半农半牧区的旗县，也都纷纷成立了乌兰牧骑。

▲ 20世纪60年代初期乌兰牧骑队员们排练场景

难忘岁月

苏尼特右旗乌兰牧骑的首批队员，编制有9人。队长是乌力吉陶克套。队员有额日和木巴图、乌尼格日勒、桑杰道尔吉、额尔登达来、伊兰、荷花、娜仁托雅、刘殿如。

试点工作期间，起初牧民不知道乌兰牧骑是干什么的，后来一传十，十传百，"乌兰牧骑"的名字不胫而走。我们行程1500多公里，演出几十场，每次演出都受到热烈欢迎。1957年在阿其图乌拉苏木一带演出期间，队员额日和木巴图同志身染重疾不能行走，为了护理治疗方便，他住进一户牧民家里。这户牧民家里只有老两口，60多岁的老太太虽然腿脚不便，但对额日和木巴图热情周到，煮饭煎药、端屎倒尿，不分昼夜侍候，给予了无微不至的关怀。当地有名的医生苏格尔和布达格日勒轮流对额日和木巴图进行医治。就这样，额日和木巴图的病很快就好转了。后来布达格日勒医生一直跟随乌兰牧骑，为队员们治疗疾病。那年的另外一次演出中，我扮演一位老太太。演出结束后，刚卸了装，就有一位老额吉（草原上对年迈女性的亲切称谓，额吉为母亲的意思）进来，手捧奶酒对我们说："刚才那位老太太呢？我想和她说说话。"我解释道："那不是老太太，是我扮演的角色。"老额吉一辈子没看过演出，怎么说也不相信，于是队长让我们重新化装，又演了一遍，她这才相信了。老额吉把手中的奶酒端到我的面前，敬给我和队友荷花喝。她第一次看文艺演出的兴奋和对演员的热情也感染了我们，我和荷花端起碗一饮而尽。随后，我跟随这位额吉到她的蒙古包留宿。热情的老额吉担心我没吃饱，翻箱倒柜给我拿出珍藏的一块月饼、一把红枣。看着这些难得的零食，我也顾不得想是不是老额吉自己舍不得吃才攒下的，就大口地吃了起来。看我吃得香甜，老额吉轻轻地抚摸我的脸，亲吻我的额头，像对待亲生女儿一样百般宠爱，我也感动得流出了幸福的泪水。当年虽然牧区的条件比较艰苦，但这里的牧民热情、豪爽、善良、纯洁，他们对乌兰牧骑是发自内心的喜爱，把乌兰牧骑队员当成自己家的孩子，无时无刻不感动着我们，让我们愈发坚定了做好乌兰牧骑工作，投身牧区，丰富牧民群众文化生活的决心。1958年，我们去乌日根塔拉公社演出，途中马受惊翻车，把我们甩出去很远。站起来一看，队长额头上被碰出一个大包，乌尼格日勒的腿也瘸了，大家身上多多少少都受了点伤。可一想到牧民们正兴高采烈地等着看节目，惊魂未定的我们立马收拾好被甩出的道具，继续前进。大家没有一人喊疼抱怨，默默包扎好各自伤口，全身心投入到演出中。1961年春节前夕，我们全体乌兰牧骑队员到桑宝力嘎公社某队慰问军属演出，早上从旗牧场骑骆驼出发，其中三个人：丁兆南、袁平、孟根格日勒没骑过骆驼，非常紧张，我让他们随着骆驼的摆动放松自己。走了50多公里的路，下午到达时袁平的大腿都磨破了皮，因为坐的时间长，肉跟裤子紧紧地粘在一起了，血肉模糊。但她还是穿上蒙古袍把裤子一遮，咬牙和我们同台演出。军属们高兴地说:"是党和政府关心军属,才让我们不离开蒙古包就能看上精彩的文艺节目啊!"我们把基层群众的需要放在第一位,宁愿忍受疼痛,也不肯影响农牧民们看演出。正因为有了这种精神,我们下乡演出时,不管条件多差,哪怕患病受伤,每次也总能很好地完成任务。

1960年在都呼木公社,有一位叫贺希格的大姐身患残疾,看我们的相声演出时,笑得前仰后合。演出结束后,她还邀请我和荷花去她家做客。看她独自生活,我们就问她:"你的脚怎么了?"她说:"几年前放羊时冻坏了,耽搁的时间长,送到医院只好切除了,所以只能用膝盖走路。"我们问:"那你怎么不找个伴侣呢?"她说:"我这样的身体条件,谁会找我呢?"我们俩想起在队里有一个和她年龄相仿的男人,叫拉得那,还没有成家。荷花便骑马到队部,把情况一一说明,拉得那表示同意。回来和贺希格商量,她也没意见。第二天,荷花赶上牛车,把两个有情人拉到赛汉塔拉镇(苏尼特右旗政府所在地)领了结婚证。从此,我们俩和贺希格一家结下了深厚的友谊。

我们乌兰牧骑所到之处,队员与牧民亲如一家,同吃、同住、同劳动,和牧民一起放羊、割草、剪羊毛,培养业余文艺骨干,辅导牧民群众开展业余文艺演出和创作活动,我们也经常与他们同台演出。当我们完成演出要离开时,牧民们依依不舍,送肉食、奶食给我们,每次离开时都恋恋不舍,跟着马车送了一程又一程。

我永远热爱苏尼特右旗乌兰牧骑,它就像祖国北疆草原上怒放的第一朵报春花,带来了乌兰牧骑事业百花盛开的春天。

 # 中国第一支乌兰牧骑首任队长

乌力吉陶克套（1922—1986年）

黑龙江省杜尔伯特蒙古族自治县人，蒙古族。1947年参加革命，先后赴乌兰浩特军政干部学校、内蒙古军政大学第一团和第二团学习。1956年任苏尼特右旗文化馆馆长。1957年任苏尼特右旗乌兰牧骑首任队长，负责乌兰牧骑试点工作。建队之初创作了歌曲《乌兰牧骑之歌》（作词、作曲），后成为队歌，一直传唱至今。

曾作曲、编导多部作品，其中舞蹈《牧马青年》获1959年首届全盟乌兰牧骑会演一等奖，《接羔舞》《打井舞》荣获三等奖。

1982—1986年，任政协苏尼特右旗第三届、第四届委员会委员。

我叫包·斯日古楞，中国第一支乌兰牧骑——苏尼特右旗乌兰牧骑的首任队长乌力吉陶克套是我的父亲。他1922年生于黑龙江省杜尔伯特蒙古族自治县都沁乡新庙屯。1942年通过留学考试，前往日本学习哲学、音乐等课程，1944年回国。1947—1955年分别工作于各地不同部门。1955年调至苏尼特右旗民政局工作。1956年苏尼特右旗文化馆成立时任馆长。那时他就经常组织文艺爱好者骑马、骑骆驼奔赴牧区为牧民唱歌、跳舞、说书、演好来宝等，并用幻灯片对广大牧民进行宣传教育工作，丰富牧民的文化生活。有时也联合当地文艺爱好者共同演出。尤其逢年过节时，从各苏木牧民中选出文艺爱好者与文化馆的干部一起分组（每组约10人）下乡演出。他深受当地牧民的喜爱，人们都亲切地称他为"我们的乌馆长"。

1957年他在自治区文化局试点工作组的领导下，负责苏尼特右旗乌兰牧骑试点工作，担任中国第一支乌兰牧骑首任队长，带领由9名演员组成的演出队，克服种种困难，在短时间内准备了乌兰牧骑试点汇报演出节目和相关宣传海报、宣传册等。同自治区试点工作组的画家张敏一起设计乌兰牧骑队旗和队徽。与自治区试点工作组及旗乌兰牧骑试点工作领导小组工作人员，乘两辆马车在两个月时间内行程3000余里，演出30多场次，圆满完成乌兰牧骑巡回试演任务，充分发挥出了乌兰牧骑的演出、宣传、服务、辅导作用。

父亲曾给我们讲过这样一个故事：1957年乌兰牧骑队员坐马车从达来切尔吉庙出发到阿其图乌拉苏木，之间必经一段沙漠地带，马车在沙漠里越走越陷，最终陷进绵软的大沙窝子，动弹不得。没办法，为了不耽误演出，他们决定步行赶往演出地。扛着演出道具、服装和乐器，走了一天的沙窝子，大家又累又渴，七月的骄阳无情地暴晒着他们。大家深一脚浅一脚艰难地挪动着，沙漠的烈日照在脸上、脖子上、胳膊上犹如刀割一样疼，瞬间变得又红又肿。每个人都口干舌燥、又累又渴，谁也不想多说话。大家分头找水，最后找到了一个水泡子，里面还有一头已经腐烂生蛆的小牛犊。看到大家渴得嘴上

◀ 20世纪50年代末，第一代乌兰牧骑队员用留声机为牧民播放革命歌曲，宣传党的方针政策

◀ 1957年6月17日，中国第一支乌兰牧骑踏上了为人民服务的征程

都起了泡，我父亲用牙缸打出一缸子水来，说："没事，烧开了大家润一润嗓子，千万别虚脱了。"就在这时，远方有骆驼队朝他们急速赶来，帮助他们驮运道具和马车上的其他东西，安全地把他们送到了地方。后来他们才知道，是放牧的牧民看见他们陷进大沙窝子走不出，回去报信后才组织这个驮运队专程前来迎接他们的。父亲感慨地说："多么纯朴善良的牧民老乡们啊！在走出几十里地才能碰到一两个蒙古包的野外，我们除了马没有任何交通工具和通信工具，如果没有驮运队前来迎接，不知何时才能走到目的地演出，是牧民救了我们。"

1957年9月5日，自治区文化厅在呼和浩特市召开了全区牧区文化工作会议，我父亲介绍了苏尼特右旗乌兰牧骑试点工作经验，得到了领导的高度评价。此次会议上也作出了在全区推广苏尼特右旗乌兰牧骑试点工作经验的决定。

我父亲自幼勤奋好学，风趣幽默，待人诚恳。他掌握蒙、藏、汉、日四种语言，博学多才。小提琴、四胡、手风琴、笛子、三弦样样精通，还能唱会跳，说书和好来宝出口成章。乌兰牧骑建立之初他创作了《乌兰牧骑之歌》（作词、作曲），为《剪羊毛舞》《接羔舞》《擀毡舞》《牧马青年》《打井舞》等几十部舞蹈作品作曲。1959年在锡林郭勒盟首届乌兰牧骑会演中舞蹈《牧马青年》荣获一等奖，《接羔舞》和《打井舞》获三等奖。他还曾根据蒙古国中篇小说《阿尤西》，自编自演了同名独舞，挖掘地方民歌《冬格尔大喇嘛》和《万丽》的素材编写了喜剧小品，由队员荷花等人表演，广受牧民的好评。

1961年7月，他到苏尼特右旗吉呼朗图公社查干哈达大队任大队长，接受"群众再教育"。但他并没有放弃文艺事业，依旧主动辅导有文艺爱好的中青年牧民，组织他们编排节目，逢年过节挨家挨户为牧民演出，丰富牧民的精神生活。

1978年他又拿起尘封已久的乐器,工作之余与远亲近邻们拉家常、说书弹唱,分享着生活中的喜和乐。平日里来我们家的拜访者也络绎不绝,人们来听书、听好来宝,我们家成为当地各族群众的"文艺沙龙"。许多年轻人向他拜师学艺,对此他来者不拒,耐心指导,不求回报。

慕名而来的不仅有学艺者,更不乏艺术家,内蒙古歌舞团著名四胡演奏家朝鲁是四胡大师宋良的大徒弟,他专程来家看望我父亲,二人相谈甚欢。共奏《阿萨尔》《八音》之后,朝鲁先生对父亲的技艺赞赏不已,临走时将自己的四胡送给了他,以表敬意。

1976年之后,时任乌兰牧骑队长的赛音巴雅尔、指导员尼玛敖斯尔等领导曾多次到我家慰问我父亲这位曾经的老队长,就乌兰牧骑的发展征询他

1965年,乌兰牧骑向少年儿童普及科学知识

的意见和建议。畅谈之余，他们不约而同地拿起家中的乐器，父亲拉起高音四胡，尼玛敖斯尔的中音四胡跟进，赛音巴雅尔笛声响起，新老两代乌兰牧骑人共同憧憬乌兰牧骑美好的未来。我家邻居扎木苏是雅托噶（蒙古古筝）演奏大师，四胡与古筝的演奏声经常在院子里同时响起，形成美妙的交响曲，在院子上空久久回荡。

我父亲根据我们几个孩子的兴趣爱好，从小培养我们识谱、弹琴、吹笛子、唱歌、说相声等爱好。他还根据孩子们的身高，为我们量身定制四胡。受家庭的熏陶，我们6个子女都是文艺爱好者。我的二姐哈斯1976年以优异的成绩考入苏尼特右旗乌兰牧骑，继承了父亲的乌兰牧骑事业。父亲经常教育我二姐说："乌兰牧骑队员就是为人民服务的。乌兰牧骑队员必须'一专多能'，这样才能用艺术更好地为人民服务。艺术作品是需要灵魂的，要领会其真谛，首先要喜爱并尊重这门艺术，再虚心学习技艺。一个作品首先要感动自己，然后才能感动他人。只有做到这一点，才能真正做到用艺术的形式为人民服务。"这些语重心长的话语便是父亲多年乌兰牧骑工作经验的总结。

从1982年到1986年8月逝世前，他任政协苏尼特右旗第三届、第四届委员会委员，在此期间，他常深入群众当中听取民意，收集建议。

2007年，在内蒙古自治区乌兰牧骑成立50周年庆典上，表彰了我父亲对乌兰牧骑事业作出的贡献，授予他"乌兰牧骑事业特别贡献奖"。同时，自治区文化厅的领导也到我们家亲切慰问，并给了我父亲很高的评价：你们的父亲是乌兰牧骑创建时的队员，也是第一任队长，他为中国第一支乌兰牧骑的组建、发展作出了卓越的贡献。虽然你们的父亲已经过世，但人们会永远铭记他。

（包·斯日古楞）

 # 红色嫩芽在北疆萌发时

荷 花

1936年10月15日出生于赤峰市巴林右旗,蒙古族,中共党员。1957年至1962年在苏尼特右旗乌兰牧骑工作,苏尼特右旗乌兰牧骑建队之初9名队员之一。

1959年参与创作的群舞《青年在马场上》《接羔舞》等荣获锡林郭勒盟乌兰牧骑文艺会演二等奖。2017年,中共苏尼特右旗委员会、苏尼特右旗人民政府授予其"终身荣誉奖"和"乌兰牧骑第一代演员"称号;2017年12月4日,被内蒙古自治区党委宣传部授予"乌兰牧骑事业特别贡献奖"。

🎬 **难忘的岁月**

1952年,16岁的我来到锡林郭勒盟干部团参加了革命工作,并学习两年。1954年毕业后被分配到锡林郭勒盟和西乌珠穆沁旗合作社工作,1955年组织上把我调到了苏尼特右旗供销合作社,当时苏尼特右旗政府所在地设在朱日和的温都尔庙。

1957年年初,内蒙古自治区党委决定在苏尼特右旗搞试点工作,成立一支文艺宣传队,到居住分散、交通不便的农牧区去,丰富农牧民的精神文化

▲ 20世纪60年代,乌兰牧骑下乡演出

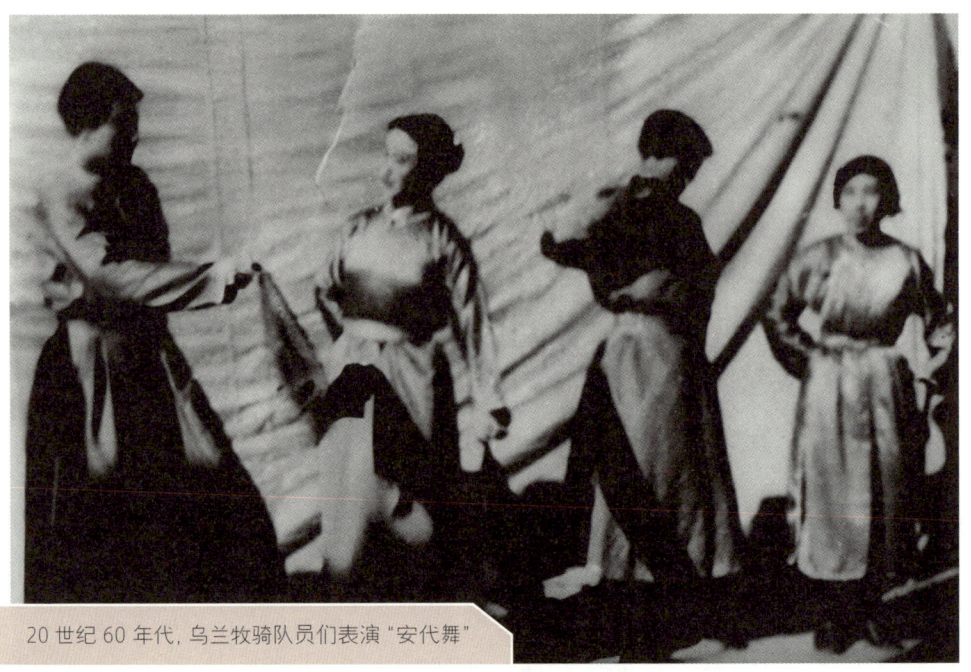

20世纪60年代，乌兰牧骑队员们表演"安代舞"

生活，开展文艺宣传和服务工作，及时把党的政策和温暖送到广大农牧民群众中。1957年3月，内蒙古文化局、内蒙古群艺馆的领导和老师来到温都尔庙开始了筹备工作。旗委领导十分重视这项工作，从机关干部、牧民和民间艺人中选拔了9名能歌善舞，还会吹拉弹唱，"一专多能"的文艺骨干和爱好者，成立了一支短小精干的文艺宣传队，队长由旗文化馆馆长乌力吉陶克套担任。9名队员中，3名女队员，6名男队员。乌力吉陶克套、额尔登达来、伊兰、刘殿如和我5名队员，是从机关干部中选拔的；乌尼格日勒、额日和木巴图、桑杰道尔吉、娜仁托雅4名队员，是从牧民和民间艺人中选拔的。1辆马车，1个汽灯，5件乐器，4件女式蒙古袍，4件男式蒙古袍，是我们的全部家当。1957年6月17日，文艺宣传队正式改名为"乌兰牧骑"，是"红色嫩芽"的意思，这个寓意非常好，中国第一支乌兰牧骑在辽阔的苏尼特草原诞生了。

文艺宣传队3月成立，4月内蒙古群艺馆的几位老师就来到温都尔庙开始对我们进行集中训练。我们队员的平均年龄偏大，没有一点专业知识，一切都要从头学起。训练的时间只有4个多月,时间非常紧迫,当时条件特别艰苦,只有一个小排练室,老师从压腿、亮嗓子等基本功开始手把手地教我们。没有练功设备,我们自己用几根木头搭建了练功压腿用的"土把杆",每天早上5点钟起床开始压腿,练习基本功。刚开始练功腿疼得走不了路,每天除了吃饭就是练功,晚上11点多钟才能休息。但是,大家没有一个人叫苦叫累,都咬紧牙关,按照老师的要求刻苦学习和训练。为了能尽快深入牧区,为广大农牧民服务,我们一边训练,一边排练。白天训练基本功,晚上学习排练歌舞节目,学习的任务特别重,排练的强度非常大。在很短的时间里,我们学习排练舞蹈《鄂尔多斯舞》《挤奶舞》《安代舞》《筷

建队初期,老队员在为牧民演唱革命歌曲

子舞》《顶碗舞》《盅碗舞》和《小马驹舞》7个舞蹈，还有根据东北民歌改编的男女声二重唱《东胡尔大喇嘛》《好来宝》等节目。经过3个月的强化学习和训练，6月17日乌兰牧骑在温都尔庙礼堂进行了首场汇报演出。自治区的领导、群艺馆的老师们、旗里的领导、机关的干部职工、学校学生和周边的农牧民都来观看演出，礼堂里坐满了观众，那个热闹的场面至今我还记忆犹新。演出获得了成功，并且得到了领导和老师们的认可和好评。当时特别激动，几个月以来所吃的苦，流的汗水和泪水，队员们觉得值了！

  我们第一次下乡演出，是去离旗里100多公里的赛汗乌力吉公社。赶着马车走了整整一天的路，天快黑时终于到了目的地。稍微休息了一下，就开始为早已等候的牧民群众演出了。当时没有电，就用汽灯照明，我们以饱满的热情完成了这场演出，受到了牧民群众的热烈欢迎，队员们也受到了极大鼓舞。第二天去演出的生产大队离公社最远，路上人烟稀少，我们走了一天，直到晚上才到。牧民老乡见到我们非常吃惊，没想到会有人背着乐器步行来为他们演出。牧民们帮忙搭了个舞台，看到他们激动的样子，一天的疲劳和辛苦都忘掉了。有位老额吉眼含热泪拉着我们的手说，这是她第一次看演出，过去王公贵族与有钱人才能看到的演出，没想到自己在家里也能看到，这在以前是做梦也不敢想的事。感谢共产党，新社会真好。

  1957年6月至10月，乌兰牧骑队员克服各种困难，整整4个月没回过家。一个公社一个公社地去演出，乌兰牧骑受到了广大牧民群众的喜爱和热烈欢迎，影响非常大。

  记得有一年春节刚过，我们下乡到都仁乌力吉公社。除了完成演出任务，还帮助牧民打井。当时天寒地冻，根本挖不下去，只好晚上把羊粪砖点着埋到地下，第二天地稍微软了再挖，一直到井挖好为止。我们下乡在牧民家里吃住，经常一天只能吃一顿饭，每顿饭交二角五分钱和半斤粮票。

▲ 20 世纪 70 年代末进社区开展宣传活动

淳朴的牧民老乡说啥也不要，我们就在走之前把钱和粮票悄悄留下，咱们乌兰牧骑队员不给牧民们增加负担。

乌兰牧骑队员除了参加学习和培训，其余时间都下乡，没有节假日。越是节假日我们越要深入农牧区走村入户，去表演文艺节目。1959年的春节至今我还记忆犹新，大年三十我们来到阿尔善图牧场，在杨森庙里给牧民群众演出。大年初一，我住的那家牧民老乡一大早就去串营子拜年，我就拿上干粮帮老乡放羊去了。虽然过年回不了家，只要能帮助牧民群众，真的是心里一点怨言也没有。

当年，乌兰牧骑队员演出用的化妆品，就是能掉色的大红纸和火柴棍儿。我们把纸撕成小块，抹红脸蛋儿，抹红嘴唇，把火柴棍儿点着烧黑再灭掉，用它画眉毛，那些"漂亮"的舞台妆就是这样来的。无论条件多么艰苦，有时带病也坚持演出，一句话，"轻伤不下火线"，始终用最好、最乐观的精神面貌，为农牧民群众送欢乐。我们赶着马车或骑马、骑骆驼下乡演出，哪里艰苦哪里困难就去哪里。牧民的羊圈、蒙古包、草场都是我们的舞台，沙窝子里没有路，我们就背上道具和乐器步行去给老乡演出。因为交通不便，有的牧民一辈子也没离开过沙窝子的家，更别说看文艺演出了。我们去了非常受欢迎，牧民们像亲人一样待我们，争着让去家里住。有时候条件不好，队员们就干脆睡在马车下面或草地上，尽可能不打扰牧民的生活。演出之余，队员们和牧民群众一起，同吃同住同劳动，帮助牧民打井、打草、接羔、放牧、剪羊毛，辅导他们学习文化……只要牧民需要，我们从不推诿和拒绝，全心全意地为牧民服务。

我们乌兰牧骑队员还同牧民一起学习，利用留声机和幻灯片向牧民宣传党的政策、普及科学知识，帮助和指导公社文艺宣传队排练文艺节目，收集和整理民间文化遗产。舞台上我们是乌兰牧骑队员，台下我们是牧民的朋友和亲人，与他们打成一片。每次演出离开的时候，牧民们都跑来给我们送行,拉着我们的手依依不舍,这些难忘的情景至今都留在我心里。

🎬 我的母亲荷花

我叫斯琴,我的母亲荷花是中国第一支乌兰牧骑创建时的9名队员之一。

我母亲1955年从锡林郭勒盟干部团毕业后,分配到苏尼特右旗供销社工作。1957年3月,调到乌兰牧骑的前身文艺宣传队工作。这些来自机关的文艺骨干和基层的文艺爱好者,平均年龄在20岁以上,大部分队员文化程度不高,没有经过专业学习和培训。鉴于这种情况,4月内蒙古群众艺术馆派来了专业老师,对队员们进行训练和辅导,要求队员们在发挥自己特长的基础上,还要学习其他艺术门类,要"一专多能"。

在这种情况下,队员们一切都要从头开始学习,训练十分艰苦,同时还要为首场汇报演出进行排练,压力特别大。我母亲说,队员们都年龄偏大,刚开始练功那些天,腿疼得走不了路,上厕所更是困难。第二天起床,浑身疼得连穿衣、下床也很吃力。尤其早上的训练,大家几乎都是含着眼泪开始的。但大家都咬紧牙关,没有一名队员掉队和退缩。队员们白天训练,晚上还要排练节目,任务繁重。1957年6月17日,宣传队正式更名为"苏尼特右旗乌兰牧骑",在温都尔庙文化馆举行了简朴的建队仪式。

经过3个多月艰苦的强化训练和学习,苏尼特右旗乌兰牧骑在温都尔庙礼堂举行了首场汇报演出,当时的情景母亲至今记忆犹新。大礼堂里坐满了前来观看演出的人们,大家兴高采烈,像过节一样热闹。演出获得了巨大成功,各级领导、老师和观众给予乌兰牧骑队员们高度认可和好评。

第一次汇报演出对于刚刚从各个行业挑选出来的9位乌兰牧骑队员来说是一次挑战,更是考验。他们克服困难,以饱满的热情和一丝不苟的精神,圆满完成了汇报演出任务。母亲说,那天望着台下观众热情的笑脸,听着他们经久不息的掌声,所有队员都激动地跳了起来,流下了幸福、欢乐的泪水。

从此,这支从温都尔庙走出的"红色文艺轻骑兵"踏上了新的征程,如同骏马一样,驰骋在辽阔的草原上……

母亲给我们讲述过1959年夏天发生的一件事情。当年我父母结婚才一个多星期,母亲就和另外3名乌兰牧骑队员一起被下放到乌日根塔拉公社体验生活,在那里劳动锻炼一年。队员们和牧民群众一起从事牧业生产劳动,同时还要兼顾一些其他工作。生产队把500只羊交给母亲管理,她当起了羊倌,每天早出晚归。母亲说给500只羊饮水是一件很有难度且特别消耗体力的活儿,需要用辘轳车把水从井里一桶一桶摇上来,等羊群喝饱了,母亲已经累得筋疲力尽了。

一天深夜,母亲所住牧民家里的一位老人得了急病,生命垂危,全家人急得不知所措。母亲毫不犹豫地骑上马,奔向公社卫生院找医生。她用力甩着马鞭,朝着黑漆漆的夜色奔去。恍惚中前方好像出现了两个模糊的

人影，母亲感到非常害怕，可一想到危在旦夕的老人，她把眼睛一闭，猛抽马鞭就闯了过去。等找上医生返回的路上，才发现两个模糊的人影原来是两根拴马桩。这一晚母亲在漆黑的夜里往返40多公里，老人终于得救了，医生说如果晚一步病人就会有生命危险。老人全家都非常感谢我母亲，拉着我母亲的手说："要不是你找来大夫，老人就没有命了。谢谢，谢谢你！"当我问起母亲："你当时咋想的，一个人不害怕吗？"母亲淡淡地说："那种情况下没多想，只想赶快找大夫救人，我只是做了该做的事情。"那年她才20多岁，敢一个人骑着马在黑夜的茫茫草原上奔驰，我觉得她真的很勇敢，真的很了不起。

母亲在这次下乡劳动锻炼期间，和牧民们打成一片，就像是一家人。公社和牧民群众都给予她很高的评价。由于表现出色，母亲被评为"五好干部"。

（斯琴）

苏尼特红驼　额尔登巴拉/摄影

永恒的记忆

巴图朝鲁

1942年1月出生于苏尼特右旗，蒙古族，中共党员。国家一级作曲、二级编剧。

1960—1986年在苏尼特右旗乌兰牧骑历任队员、队长。

60多年来，发表各种不同题材的文艺作品1000余部（首）。歌曲《牧场的夏天》（作曲）获全国儿童音乐电视大赛金奖。多部作品获得内蒙古自治区艺术创作"萨日纳"奖及内蒙古自治区"五个一工程"奖。先后荣获全区宣传战线先进工作者、自治区杰出作曲家称号。

扫码欣赏
舞蹈《乌兰牧骑井》

1960—1986年,我在苏尼特右旗乌兰牧骑工作了整整26个春秋。其间亲身感受到广大牧民群众对乌兰牧骑的喜爱,同时也体会到了作为一名乌兰牧骑队员神圣的责任和光荣使命。

我们以蓝天为幕布,草原为舞台,与牧民群众打成一片,把欢乐和文明送到草原深处,把党的声音和关怀送进每座蒙古包。26年的经历,很多动人的故事、感人的事迹在我的脑海里留下了深深的记忆。

第一堂课

我来乌兰牧骑报到的第二天就跟随队伍下乡演出了。在乡下的第一场演出我表演了马头琴独奏,牧民们给了我长时间的掌声,我的心情非常激动。演出结束后,牧民把乌兰牧骑队员都要接到自己家里(因为当时队员们没有集中休息的地方,都要分散安排在牧民家中),当时我想:"我刚来乌兰牧骑,估计牧民不一定认识我,能有人接我吗?"令我没想到的是,在我整理道具时,一位50多岁的大叔来到我身旁亲切地对我说:"孩子,我带来两匹马,就是准备接你去我家的。"并且嘱咐我带上马头琴。我既高兴又激动,深深地给大叔鞠躬表示感谢。大叔连忙说不用感谢,你们是"玛奈乌兰牧骑"(我们的乌兰牧骑),我们是一家人。这么亲切的话语让我感动不已。

我高兴地骑上马随大叔走了大约一个小时,到了大叔家的浩特(畜群点)。这个畜群点有两户人家,这位大叔的爱人是一位患有腿疾的额吉。另一个牧民家就是两个年轻人带着一个幼童,男的是羊倌,女人在家带孩子,所以两个人都没能去看今天的演出。当晚我就为大叔、额吉和两个年轻人,还有那个小观众演奏了马头琴。额吉和着琴声哼着歌,还不时擦着激动的泪水。两个年轻人也和着琴声唱起来。这一晚歌声和欢笑声久久地回荡在这片草原上。这一晚也是我人生中第一次在蒙古包里——这个饱含

20世纪70年代在布图木吉苏木牧区演出前排练节目

▲ 交流创作

着牧民深情厚谊的"舞台"上,演奏马头琴。我们都没有睡意,拉着琴,唱着歌,一直到天亮!

第二天,我依依不舍离开了牧民家,向他们挥手告别,他们站在蒙古包前高举鲜奶献上祝福的场景,我至今仍历历在目。当我见到队友们时,跟他们讲,牧民称我们为"玛奈乌兰牧骑",真亲切呀!队员们感慨地说道:"在1957年建队时牧民就给了我们这个感人的称呼啦!现在你已经是'玛奈乌兰牧骑'队员,一定要向牧民学习,全心全意为牧民服务。"

这就是我来乌兰牧骑后上的第一堂生动的课!

1959年至1961年,"三年困难时期",全国都在精简机构下放人员,我们苏尼特右旗乌兰牧骑也有可能被精简掉。在旗人代会上,牧民代表们提出:"为了给国家减轻负担,我们供养'玛奈乌兰牧骑'!"就这样,乌兰牧骑被保留了下来。如今,60多年过去了,乌兰牧骑始终都是牧民们的"玛奈乌兰牧骑",这也充分说明了"人民需要艺术,艺术也需要人民"的道理。

乌兰牧骑井

1964年夏,我们经过几天的长途跋涉,穿过浑善达克沙漠,才来到位于沙漠边缘的阿其图乌拉公社乌日根高勒大队,队员们浑身是土,汗水早已浸透了衣衫。一下马,队员们立即找到全大队唯一一口水井,围在一起洗漱起来。

队员们一桶一桶地从井里打着水,畅快地洗漱着,几天的疲惫一扫而光。但是当他们再一次从井里打上水的时候才发现,提上来的是半桶的泥水,大家往井里一看,井底只剩下一点浑浑的泥汤了。由于夏季雨量少,草地干旱,地下水位下降,井里水不够用。井底渗了一天的水被队员们都用光了。这时一位牧民赶着羊群来饮水,他看了看井底,又看了看女队员们,失

20 世纪 70 年代,乌兰牧骑队员队员们打水

望地摇了摇头。羊群渴得围着井边"咩咩"直叫,队员们不知所措地呆立在旁边。

队长立即召集全体队员开了紧急会议,批评了浪费水的队员们,想着如何弥补这个错误。我见这里群众用水这么困难,突然间有一个想法,我们何不为牧民们打一口井呢?我们一共12个人,大家加把劲用3到5天的时间就能挖出一口井,这样就能从根本上帮助这里的牧民解决实际困难了。我把我的建议一说,大家都纷纷表示赞同。

我们说干就干,一听到要打井,牧民们也都过来帮忙。一开始打井工作还算是比较顺利,但是在我们挖到6米多深时,井底突然出现塌方,此时下井是很危险的。我当年比较瘦小,就自告奋勇地把绳子系在腰上下了井。外面虽然骄阳似火,但是6米多深的井底却冰凉刺骨,当时也没有雨靴,我就咬着牙光脚站在井底,一筐一筐地挖着土,还得小心翼翼地观察着井壁情况,面对着随时塌方的危险。渐渐地,井水一点一点渗了出来。"出水了,出水了!"我兴奋地大喊着,也更卖力地挖了起来,不知不觉中,冰凉的井水已经没过了我的腰间。

大家齐心协力,用了5天的时间,水井终于挖成了。我们双手捧着一碗碗清凉的井水端到牧民面前让他们先喝。一位老牧民端着水碗,激动地说:"乌兰牧骑不仅给咱们演出,还给咱们挖井,真是咱们牧民的贴心人啊。为了让大家记住乌兰牧骑,我们就把这口井叫'乌兰牧骑井'吧!"牧民们用最敬重的礼节来款待队员们,他们端起马奶酒,捧着哈达,最年长的老额吉深情地吻遍了所有队员的额头,以蒙古族最高的礼节给我们送上最衷心的祝福。大队书记在井边竖起了一块儿木牌,上面写着"乌兰牧骑井,1964"。

多年以后,当我再次来到阿其图乌拉苏木乌日根高勒嘎查时,当年的老书记带领着牧民在乌兰牧骑井旁等着我。大家回想起那时的情景,老书记感慨地说:"这眼井是乌兰牧骑给我们打的,几十年了,生活在这片草原上的牧民还是亲切地称它'乌兰牧骑井',几辈人都是喝着乌兰牧骑井的水长大的。"在老百姓的心目中这是一汪圣水,几十年都没有干枯过的圣水。可是当年打井的小伙们都老了,有的人已经不在了,但是"乌兰牧骑井"至今还在,井水还是那么清澈甘甜。

流动幼儿园

在乌兰牧骑下乡调研时,我明显感受到,我们的队员下牧区演出,观众是大人小孩都有,但演出的内容都是成人剧,真正给小孩看的节目没有。当时草原上地广人稀,人居住分散,没有条件建幼儿园,所以牧区的孩子们没有学前教育,10岁左右才上小学一年级,一上学就住校,很多东西没有接触过,学习非常吃力,学着学着就掉队了。

孩子是祖国的未来,我们想让国家、民族富强起来,牧区的孩子们文化跟不上怎么能行呢?可是当时乌兰牧骑队人员有限,没有专门的儿童剧演员,我们也建不了幼儿园。那时,我就在思考要寻找一种简便的、孩子们喜欢的形式给他们带去欢乐和精神食粮。

这个契机终于出现了!1974年旗里举办"那达慕"期间,北京木偶剧

团来苏尼特右旗演出木偶剧《草原红花》，深受孩子们的喜爱和欢迎。我就在想，我们乌兰牧骑是不是也能搞个木偶剧组，既用不了几个人，又不用复杂的道具设备，也适合巡回演出给孩子们看。这个想法就一直在我的脑海里萦绕，1977年上海儿童艺术剧院、上海美术电影制片厂来牧区体验生活，我去给他们当向导和翻译，与他们熟悉起来以后，我就表达了想去上海学木偶的想法。他们对这个想法十分支持，欢迎我们随时去上海学习。

于是，我就向上级领导提出成立木偶剧组的建议，他们非常重视这项工作。1981年，苏尼特右旗人民政府下发了《关于试办苏尼特右旗蒙古语木偶剧组的文件》。在乌兰牧骑队里成立一个蒙古语木偶剧小组，体现乌兰牧骑演员的"一专多能、一队多用"的特点，乌兰牧骑不仅是演歌舞，还演木偶，不仅给成人服务，还要给儿童服务。这一提议也得到了内蒙古自治区文化厅的大力支持，同意在苏尼特右旗乌兰牧骑内设蒙古语木偶剧组，并补贴设备、服装、道具和外出学习费2万元，给了我们充足的专项经费支持。

1982年初，我和其达拉图、其木格、萨如拉等3名队员一起来到了上海。到上海以后，上海木偶剧团、上海美术电影制片厂、上海儿童艺术剧院的同志热情接待了我们，他们教给我们《带金鸡冠的小公鸡》《不讲卫生的猪八戒》《两个好朋友》《三毛小淘气》《一只小花猫》等5个木偶戏，还给我们做了道具。我们把5个戏学完以后，为了在牧区演出时孩子们能够听懂，要把剧目的内容翻译成蒙古语。当时我们为了能翻译好内容，还专门买了一台录音机，我们几个演员在录音机前，你说一句我说一句录制。那个时候的机器落后，录制不能忘词，一忘词整个要从头再开始录，就这样磕磕绊绊终于把5个木偶戏录完了。

两个月后，我们带回来一套木偶节目。1982年6月1日，我们到旗里的蒙古族幼儿园试演，受到孩子们的追捧。当时很多家新闻媒体报道，其中

▲ 1982年，为乌兰牧骑建队25周年会演排练木偶剧

《人民日报》还进行了专门报道，题目是《草原上孩子们第一次看到木偶戏》，内容就是，中国第一支乌兰牧骑蒙古语儿童剧首演成功。乌兰牧骑本身就是一个轻骑队，木偶剧组只有4个人，所以给出了评价是"轻骑队中的轻骑队"。《内蒙古日报》发表题为《牧区儿童的喜讯》的文章，《锡林郭勒日报》发表题为《西苏旗乌兰牧骑排演蒙古语木偶剧》的文章，都报道了苏尼特右旗乌兰牧骑蒙古语木偶剧组的先进事迹。此后，木偶剧组积极下乡演出，给牧区的孩子们带去了许多的欢乐。

蒙古包里，孩子们看到木偶剧演出时，有了开心的笑容。他们积极与演员互动，台上的木偶问话，台下的小朋友答话，台上台下连成欢乐的海洋，不时传来热烈的掌声和开心的笑声。看到这些，我们的队友们心里就会涌出幸福的感觉。

乌兰牧骑彩车

1984年7月，内蒙古自治区文化厅派我到北京参加国庆35周年"乌兰牧骑彩车"的策划设计工作。彩车的设计要求既有草原特色，又要突出乌兰牧骑风采。经多方努力，代表草原人民祝福祖国繁荣昌盛，反映乌兰牧骑永远做红色文艺轻骑兵主题元素的彩车制作成功了。

为了中华人民共和国成立流血牺牲的内蒙古骑兵的勇士们，1949年10月1日参加了开国大典，在天安门广场接受了党和人民的检阅。和平年代的今天，又一支"轻骑兵"——文艺战线上的"红色文艺轻骑兵"乌兰牧骑，在国庆35周年荣幸地参加国庆典礼活动。1984年10月1日，我带领苏尼特右旗乌兰牧骑全体队员乘坐"乌兰牧骑彩车"，载歌载舞经过天安门广场，接受党和人民的检阅。那一刻将永远载入我们乌兰牧骑的史册。我们为之骄傲，为之自豪！

当天晚上，天安门广场举行了盛大的节日焰火晚会。我们乌兰牧骑队

员为前来参加焰火晚会的广大观众表演节目。当我们演唱《赞歌》时,全场的观众齐声跟我们高唱:

"从草原来到天安门广场

高举金杯把赞歌唱

感谢伟大的共产党

毛主席恩情深似海洋

……"

演员和观众沸腾的场面太震撼了。我们能够在牧群旁为一个牧民演出,还能在天安门广场为数十万观众演出。这就是乌兰牧骑!

10月3日晚上,我作为代表,与全国文艺界代表一起在中南海怀仁堂受到党和国家领导人的亲切接见。我觉得,这不仅仅是我个人的光荣,更是属于我们中国第一支乌兰牧骑的荣耀。

▲ 1984年10月1日,苏尼特右旗乌兰牧骑彩车代表内蒙古自治区赴北京参加国庆35周年典礼

在乌兰牧骑的岁月

朝 鲁

　　1949年出生于苏尼特右旗原吉呼郎图苏木,蒙古族。1965—1968年在苏尼特右旗乌兰牧骑工作,主要专业为声乐。在乌兰牧骑期间,曾演唱过《敬爱的毛主席》《我的故乡》《牧驼姑娘》等歌曲,还编曲和演唱过《毛主席语录》《毛泽东选集》片段。

我于1958年秋进入杨森庙小学读书。1959年杨森庙小学与乌日图高勒庙小学合并后,到乌日图高勒庙小学上学。

那时候,乌兰牧骑队员经常来学校教我们唱歌跳舞。乌尼格日勒教我们唱歌,胡日查格日勒教我们舞蹈。乌日图高勒庙的忠瑞经常用笛子伴奏,让我唱歌。

1965年,艺术学校的老师看中我的嗓音条件想招录我,但是由于我年龄过小没去。之后不久便考入了苏尼特右旗乌兰牧骑工作。我刚到乌兰牧骑的时候,乌兰牧骑队长是伊兰,队员和职员有达来、王宝山、丁兆南、袁平、李泉隆、马淑贞、阿拉腾达来、白青梅、王乃明、巴图朝鲁、王贵清、赛吉日呼、呼木吉勒图、额布日乐图、巴特尔等人。还有一位姓刘的马车夫,他是乌兰牧骑建立时就一直在的工作人员。白青梅、王乃明我们3人住一个宿舍。我刚入队的时候乌兰牧骑都是乘坐马车下乡,1966年乌兰牧骑有了汽车,下乡不再用马车了。司机是位参加过抗美援朝的姓徐的老师傅。我们经常下乡演出,也在旗所在地赛汉塔拉镇的工人文化宫、铁路俱乐部演出。节目大部分是自编自演的革命歌曲、戏剧、舞蹈等。我表演独唱和演奏扬琴、四胡。当时,我跟巴特尔老师学扬琴。1966年伊兰队长派我去内蒙古艺术学校音乐班学习,直至1968年。我在音乐班学习乐

▲ 20世纪60年代,建队领导与新老队员合影

器的同时跟随照那斯图老师学习长调。

那时我们内蒙古艺术学校的学生每个月都在呼和浩特市乌兰恰特剧场演出。当时，我经常演唱《敬爱的毛主席》《我的家乡》《牧驼姑娘》等歌曲，合唱《我们是共产主义接班人》《歌唱祖国》是当时的固定节目。1967年内蒙古广播电台录制我演唱的《牧驼姑娘》，曾多次播放。我还为《毛主席语录》《毛泽东选集》编曲演唱宣传。我们的观众有自治区领导、外省区的客人，以及来自全区基层的干部职工和农牧民代表等。有段时间我们学校还经常接待外国友人，为他们演出。

我记得当时我们自编自演的节目有《学习雷锋》《学习王杰》《大寨》《打草场上》等戏剧、话剧、舞蹈作品。放牧点、生产队、军队、矿场都是我们乌兰牧骑的演出舞台。我跟随苏尼特右旗乌兰牧骑走遍苏尼特草原，也曾到首都北京、河北张家口、山西大同等城市。1966年12月，根据文化部安排，我们参加全国文艺会演，巡演了一个月。在北京工人体育馆受到周恩来总理等党和国家领导人的接见。我们在北京白天参观学习，晚上演出。1967年1月完成巡演任务。虽然很累，但是一想到我们乌兰牧骑能给全国各地的观众演出，我们都很快乐很自豪。

1968年我回到苏尼特右旗乌兰牧骑工作。后来，被安排到吉呼郎图卫生院工作，1998年退休。在乌兰牧骑的这段岁月虽然短暂，但是却是我人生中最重要的一段经历。乌兰牧骑的岁月磨炼了我坚韧不拔的性格，树立了全心全意为农牧民服务的意识，在以后的任何工作岗位中，我始终保持一颗感恩的心，严格要求自己，兢兢业业、一丝不苟做好本职工作。

我的人生"福地"

额布日乐图

　　1941年出生在黑龙江省泰来县,蒙古族。1956年考入内蒙古歌舞剧团,1960年调入内蒙古电影制片厂译制片组工作,1962年调入锡林郭勒盟苏尼特右旗乌兰牧骑。在乌兰牧骑工作期间,参与编排了《护马英雄》《打草场上》等舞蹈,参加了大型话剧《红岩》的演出。

　　1982年调入内蒙古电视台蒙古语译制组任导演,1992年参与拍摄大型电视连续剧《乌兰夫》,曾荣获第五届全国少数民族题材电视剧"骏马奖"等。2000年从内蒙古电视台退休。

▲ 剧照《湾湾的巴音郭勒》

　　1962年，我在内蒙古电影制片厂工作。8月的一天，时任厂长桌兰找我谈话说，锡林郭勒盟苏尼特右旗乌兰牧骑派人来呼和浩特招演员，制片厂为他们推荐了几名演员，我是其中之一。

　　我14岁那年，内蒙古歌舞团招舞蹈演员，我和一名女生，从全国4000名考生中脱颖而出被录取。在歌舞团工作不久，被推荐到话剧团当演员，并在话剧《金鹰》中扮演了重要的角色。领导对我演出的角色十分肯定，认为我是"可塑之才"，把我调入内蒙古电影制片厂，并送到长春电影制片厂学习深造。两年后，我回到内蒙古电影制片厂，恰逢该厂由综合性制片厂改为译制片厂，此时人员富余开始分流或调整岗位，领导安排我和其他几位同志去苏尼特右旗乌兰牧骑，就是在这个背景下作出的考虑。在当时背景和条件下这也是领导为我个人艺术发展之路作出的最佳选择。我听到这个消息异常兴奋和激动，因为早有耳闻，苏尼特右旗乌兰牧骑是全国第一支乌兰牧骑，5年前就已成立了，不光名扬苏尼特草原，还成为一面令人瞩目的旗帜，引领着内蒙古艺术的广泛兴起与发展，受到农牧民群众的欢迎。我刚刚20岁，风华正茂，会舞蹈，会表演，会一般的乐器，到乌兰牧骑去一定能施展自己的才华，更好地为人民服务，所以，我欣然答应。

　　从内蒙古电影制片厂与我同去的还有6个人，

他们是李泉隆、丁兆南、袁平、道布登曾格、宝音达来、莫德格。我去的时候热血沸腾,踌躇满志,而到了地方却心灰意冷,怅然若失。这里没有排练厅,没有练琴房,没有办公室,没有食堂,没有宿舍,就连窄窄的"苏尼特右旗乌兰牧骑"的牌子都不知道挂在哪里合适。我的心里好不酸楚。我们同去的几个人被暂时安排到旗招待所住下。

好在旗委、政府和旗文化部门对加强乌兰牧骑工作非常重视,信心坚定,很快调来了旗电影队的胡木吉勒图同志,他后来成为我演出的好搭档。调来乌兰牧骑的老队员,当时在旗妇联和团委任职的伊兰同志,她后来担任了乌兰牧骑队长。不久还调来了老队员巴图朝鲁同志和时任旗文教科副科长的达来同志。说来也巧,1957年苏尼特右旗乌兰牧骑成立时有9名演员,我们这次也是9名。在充实人员的同时,乌兰牧骑所需的房屋、设施也在逐步进行筹建和添置。

旗委、政府的重视和行动鼓舞着大家。随着时间的推移,乌兰牧骑演员们的精神在振作,激情在焕发,创作热情在燃烧。我作为这个队伍的一员,看到乌兰牧骑是一个宣传党的路线方针政策的舞台,是一个能够为农牧民群众服务的舞台,也是一个青年人充分展示才华、努力实现抱负的舞台,所以,我与大家一起深入牧区体验生活,投身创作、排练之中,几乎到了废寝忘食的程度。

一年之后,乌兰牧骑自编、自导、自演的节目已经有20多个,可以组织演出了。于是,草原上奔驰着我们的马车,飘扬着乌兰牧骑的旗帜,回响着我们的歌声,展示着我们的舞姿。我们不畏路途遥远,不惧天气恶劣,不顾吃住行条件差和演出的疲劳,去往草原深处的公社、大队,去往少有人烟的放牧点、蒙古包。几乎每天都是在奔波、演出,演出、奔波,有时候一天要演出三四场。

那时候,演出条件极差,没有舞台,公社、大队人多的地方就是演出的场地,牧民的毡房前就是演出场地,甚至人烟稀少的放牧点也是演出场地。草原上没有电,我们就把汽灯挂在高高的杉竿上照明;汽灯不能用的时候,我们就在闪烁的烛光中演出,演员们的身影长长地映在草地上,翩翩摇曳,颇有几分浪漫。那时候草原上的文化生活不丰富,人们看化过装的演出很少,所以,乌兰牧骑的演员化了装,又穿着鲜艳的民族服装,演出特别受欢迎。这也反过来鼓舞着队员的士气,每次演出都全身心投入,激情澎湃。

▲1974年,在脑干诺如苏木打草场上慰问演出

演员少，节目多，每个演员都是多面手，我也不例外。有一段时间，我们固定演出的节目有24个，包括群舞、双人舞、单人舞、表演唱、相声、独唱等，我能参与所有的节目。舞蹈是我的长项，从群舞到独舞，我都要上场。还要用笛子伴奏小乐队，与胡木说相声。

一次，我们在一个地方演出，汽灯突然坏了，只好点燃蜡烛照明。演出刚结束，还没有卸装，伊兰队长就找到我和胡木说："给你们一个任务，赶快找地方把汽灯修好。明天晚上有重要演出，人多，一定要修好，不能耽误事儿，要当个'政治任务'来完成。"我和胡木能接受这样的重要任务，当然很高兴，觉得这是我们"立功"的好机会，丝毫不能懈怠。我们顾不上卸装，把演出服一脱，换了自己的衣服，背上汽灯就出发了。

我们要去修汽灯的地方叫温都尔庙，距离当晚的演出地有三四十里路。已经是夜里11点多了，我们披着星光匆匆赶路。以前，我们总是坐着马车往来，不用操心行进的方向，这次是步行，不得不在没有任何参照物的草原上小心翼翼地判断方向。我们仅知道温都尔庙的大体方向，但没有徒步去过。夜间赶路更加难以辨别方向，走着走着就觉得不对劲了，我们两个人都怀疑方向有问题，但谁也说不清准确的方向。胡木突然说："牧民们有经验，迷了路就趴到地上，看天边的颜色，可以辨别方向。"我说："我们试试。"两个人趴到地上，换着方向观察远方，看着看着我突然感到胸前有一个软软的、凉凉的东西，似乎还在动弹。定睛一看，亮光闪闪，微微蠕动，原来是一条盘着的长蛇。我从小害怕蛇，那一刻不禁惊出一身冷汗，也没有多想，喊了一声，本能地抓起蛇就扔出去老远。胡木听到我喊，问是什么，我说是蛇，他便担心地说："这里草深，说不定还有蛇，千万别碰上毒蛇，我们快离开这里。"

我们仍没有辨清方向，不敢走远，登上一个小山包歇了下来。这个时候，我们突然听到狼嗥声，还不是一只狼，而是有几只狼，叫声此起彼伏，在夜幕包围的空旷原野上听了令人毛骨悚然。我和胡木都有打狼的经验，平时并不惧怕狼，但在那一刻，听到狼群在嚎叫，心中不免也有些发怵，担心一旦狼群发现我们，我们寡不敌众，可就命悬一线了。

我们在那里歇息，已经是后半夜了，因为演出很累，又走了很远的路，深感疲惫，困顿难支，不知道什么时候竟然睡着了，幸亏狼没有来偷袭。待我们醒来时，天已经蒙蒙亮了，眺望四周，不禁喜出望外，远远地已经能看到温都尔庙了！兴奋之余，我们背上汽灯，飞快地朝目的地跑去。汽灯损坏得并不严重，很快就修好了。但在修的过程中，我们不敢离开，担心不能尽快修好，误了演出。一直看到汽灯修好了，才发觉肚子早就"咕咕"叫了，赶紧喝了口奶茶，并从供销社买了炒米、奶豆腐。为了赶路，不敢坐下来稳稳当当地吃喝，一边快步小跑，一边狼吞虎咽填饱肚子。终于我们不负伊兰队长所望，提前赶到了当晚演出的地点。当汽灯明晃晃地亮起来，我俩悬着的心才落了地。看到前来观看演出的牧民们乐呵呵地寻找着自己合适的观看位置时，我们心里感到格外高兴。那天，前来看演出的有几十人，这在草原上就算观众众多了，难怪伊兰队长把这次演出看成是"政治任务"。

在苏尼特右旗乌兰牧骑，我工作了15年。在这宝贵的人生15年中，我不仅提升了艺术水平，丰富了人生阅历，结交了很多好朋友，还结识了我的爱人，这是我人生中最值得骄傲的大收获。我们恋爱、结婚，幸福美满，有了两个儿子和一个女儿。如今，我们的孙子已经步入婚姻的殿堂，四世同堂指日可待，岂不乐哉？正是因为这些，我时常把苏尼特右旗，更确切地说是苏尼特右旗乌兰牧骑，称为我的人生"福地"。

 乌兰牧骑党支部的建立

胡木吉勒图

  1938年8月出生,蒙古族,中共党员。1960年7月至1961年11月在内蒙古电影制片厂剧团工作。1961年11月调入苏尼特右旗乌兰牧骑工作。主要专业为话剧表演,并擅长策划、创作、编导等。在乌兰牧骑期间当过演员、编导、队长、指导员。后在文化局、文化馆等单位工作,于2000年在乌兰牧骑退休。

  策划、编导、创作了多场不同题材的歌舞晚会,以及话剧40多部,编创了《打草场上》《打井舞》《护马英雄》《边防的早晨》等反映牧民生活的舞蹈,创作了独幕话剧《女司机》,电视连续剧《巴勒旦和朝格吉勒一家人》。导演了《红岩》《边防线上》《珍宝岛》《李伍海》《枫叶红了的时候》等多部话剧。1987年、1993年分别在《湾湾的巴音高勒》《乌兰夫》等多部电视连续剧中担任主要角色。

  1984年10月在北京参加了国庆35周年彩车游行,2007年获庆祝乌兰牧骑成立50周年"第一代乌兰牧骑队员"荣誉称号。曾担任政协苏尼特右旗第四届、第五届委员会常委,第六届、第七届委员会委员等职务。

▲ 20世纪60年代初期乌兰牧骑队员们排练场景

1957年6月，中国第一支乌兰牧骑——苏尼特右旗乌兰牧骑在内蒙古锡林郭勒大草原上诞生。文运同国运相牵，文脉同国脉相连。这支"红色文艺轻骑兵"始终感党恩、听党话、跟党走，传递党的声音和关怀，为农牧民送去欢乐和文明。

乌兰牧骑是党的民族政策和文艺方针与内蒙古自治区实际相结合的产物。自诞生之日起，乌兰牧骑就熔铸着红色的血脉。苏尼特右旗乌兰牧骑党支部于1996年9月成立。就此，这支在党的领导下创建起来的红色文艺工作队伍，首次建立了独立的党支部。当时乌兰牧骑队员不足20人，队员中有乌力吉图、巴音德力格、胡木吉勒图3位党员。党支部召开会议，结合本支部的实际情况，选举我为第一任党支部书记，乌力吉图同志为组织委员，巴音德力格同志为宣传委员，结束了中国第一支乌兰牧骑自建队以来没有独立党支部的历史，进而加强了党对乌兰牧骑的领导。党支部建立以后，充分发挥了支部的战斗堡垒作用和党员的先锋模范作用。

党支部的同志们配合队长工作，加强对新队员的政治理论学习和思想教育工作。支部加强自身建设，每位党员以身作则，起表率作用，用实际行动去带动每个队员。我们和乌兰牧骑队员一起生活，一起深入农村牧区，深入了解队员们的思想、业务等情况，有计划、有针对性地把思想进步，工作肯干的积极分子推到第一线，让他们在更重要的岗位上和更重要的工作中受到锻炼和考验，让他们发挥模范带头作用。党支部活动开展得有声有色，增加了吸引力，使队员产生向往之情、上进之心，积极主动向党组织靠拢。

队里的许多优秀青年队员在党支部的培养下入了党，很快又成长为各单位、各部门的中坚力量。比如，曾任乌兰牧骑第八任副队长的其达拉图同志被任命为旗影剧院经理，队员呼日勒巴特尔同志任旗文物保护中心局长，队员乌兰图雅同志任旗图书馆馆长一职。乌兰牧骑第十任队长达林太同志，先后被任命为旗文化体育广播局副局长、旗社保局党组书记。党支部还为队内选拔培养出了斯琴高娃、贾凤英、孟克吉日嘎拉、扎那等一批优秀队员，队员王蕾当选自治区第十一次党代会代表，这些都是苏尼特右旗乌兰牧骑党支部的荣誉。

明哲／摄影

感动的心

胡日查格日勒

　　1941年12月出生于苏尼特右旗额仁淖尔苏木,蒙古族。1958—1963年在苏尼特右旗乌兰牧骑工作,擅长舞蹈、声乐。后来因家中劳动力不足,无奈离开了乌兰牧骑,成为一名多才多艺的优秀牧民。

　　1997年应邀参加了苏尼特右旗乌兰牧骑成立40周年庆祝活动,并荣获"乌兰牧骑事业贡献者"称号。2007年应邀参加了内蒙古自治区乌兰牧骑成立50周年乌兰牧骑艺术节活动。2018年应邀参加了中央电视台《欢乐中国人》栏目,接受采访,讲述了在乌兰牧骑的工作经历。

　　1958年我被选入苏尼特右旗乌兰牧骑。这是我一生中最骄傲，也是最难忘的经历。我在上小学时就爱好文艺，后来老师们觉得我在唱歌、跳舞方面有些天赋，就推荐我进入了乌兰牧骑。

　　那时候乌兰牧骑刚成立没多久，条件有限，只有一辆马车，几件乐器，也没啥像样的服装。虽然那时候条件艰苦一些，但队员们都很朴实善良，没有人埋怨或偷懒，大家很团结、很快乐，也很自豪。

　　宣传好党的政策，把党的声音第一时间传递到农牧民当中是我们最大的心愿。那时，交通不方便，我们一下乡演出就是好几个月。节目都是我们自编自演，我常跳的牧民喜爱的舞蹈有《小马驹》《打草舞》《手绢舞》《安代舞》等。那时没有像样的交通工具，大部分的下乡表演都是背上行李，背上乐器，徒步行走。有时候大早上出去，中途就吃点干粮，晚上才到达演出地点。到了嘎查或者牧户人家我们一刻都不能闲着，他们忙什么我们就帮什么，比如农牧民在种地我们就帮着种地，他们在剪羊毛，我们也跟着剪羊毛，他们忙着割草，我们也就跟着他们一起割草。只要是群众忙的活儿，我们都要和他们一起做。做完活儿，简单准备一下我们就开始给农牧民演节目。虽然很劳累，但农牧民群众给的掌声就是对我们最大的认可和奖励。

我们一年当中有多半的时间在下基层，不管刮风下雨，酷暑严寒，我们没有一个人叫苦喊累。不论在田间草场，也不论人多人少，我们都认真对待，演好每一个节目。我们心中只有一个信念，不忘党的教导和培养，把党的关怀送到广大人民群众中去。

回忆当年在乌兰牧骑的日子，往事像电影画面般一帧帧浮现在眼前，想起艰苦的环境和共同努力的伙伴，鼻子酸酸的。当年没有像样的交通工具，服装更是少得可怜，我们的彩裤不够穿，只能等到队员们下场脱下后再换上。由于下基层的路远，我们要坐好几个小时的车，夏天还好说，到冬季就遭罪了，木质的大轱辘车（也叫勒勒车）有时马也拉不动，我们就下来推车步行。演出的时候经常是饥肠辘辘，有时早上吃完饭去演出，吃下顿饭的时候已经是半夜。我虽然离开乌兰牧骑60年了，但依然关注着我们乌兰牧骑。2017年11月21日，习近平总书记给我们的乌兰牧骑回信了，我听到了这个消息后特别的激动，也很感动。我也希望我们的年轻队员们牢记总书记对我们乌兰牧骑的嘱托，保持优良传统，继续发扬乌兰牧骑精神，继续扎根基层沃土，服务牧民群众，把接地气、传得开、留得下的文艺作品展现给广大农牧民，永远做草原上的"红色文艺轻骑兵"。

（胡日查格日勒口述，乌宁记录）

第二章 冉冉升起的一面旗帜

采访札记

1957年9月,内蒙古自治区文化局召开了全区牧区文化工作会议,推广了苏尼特右旗乌兰牧骑试点工作的经验。接着,内蒙古自治区人民委员会又批准印发了《乌兰牧骑工作条例》。从此,乌兰牧骑这面鲜艳的旗帜在祖国北疆冉冉升起。

1960年6月,苏尼特右旗乌兰牧骑女队员伊兰等出席全国文教群英会,受到党和国家领导人毛泽东、刘少奇、周恩来、朱德、邓小平的亲切接见。同年6月30日,《戏剧报》第十二期发表题为《草原上的一面红旗》的采访文章,乌兰牧骑这一新生事物开始在区内外引起广泛关注。1983年9月,文化部、国家民委在北京举行了全国乌兰牧骑式演出队文艺会演,总结交流和推广了乌兰牧骑的经验。会演前,党和国家领导人邓小平、邓颖超、乌兰夫等给乌兰牧骑

题词。邓小平同志的题词是:"发扬乌兰牧骑作风,全心全意为人民服务。"邓颖超同志的题词是:"坚持党的文艺方向,面向基层,为广大农牧民服务。"乌兰夫同志的题词是:"让乌兰牧骑文艺之花在全国开放。"1985年8月,内蒙古自治区人民政府出台了《乌兰牧骑工作条例》。2010年7月,内蒙古自治区党委宣传部、文化厅、财政厅、人社厅、编办印发的《关于加强新时期乌兰牧骑工作的若干意见》指出,乌兰牧骑是我国社会主义文艺战线上的一面旗帜,是享誉当代的内蒙古民族文化品牌。特别是进入全面建成小康社会的新时期以来,乌兰牧骑坚持以人民为中心的发展思想,把贯彻落实党的民族政策和文艺方针,同内蒙古脱贫攻坚与乡村振兴相结合,创造性地探索开拓少数民族地区基层文化的发展途径,为社会主义文化建设提供了宝贵经验和深刻启示。

改革开放以来,苏尼特右旗乌兰牧骑事业得以迅速恢复和发展。1978年12月赴乌兰察布盟(现今乌兰察布市,后同)参加会演,被评为全盟先进乌兰牧骑。1979年6月29日,《内蒙古日报》以《播春的鸿雁,骄傲的鹰》为标题,记述了苏尼特右旗乌兰牧骑的先进事迹,至此中国第一支乌兰牧骑迎来了第二个春天。随着改革开放的不断深入,苏尼特右旗乌兰牧骑与时俱进,更新观念,体制

转换由表及里，队伍建设逐步加强，艺术生产力取得成就，呈现出百花齐放的繁荣景象。随着形势的发展，乌兰牧骑从事基层宣传的内容大为拓宽，在宣传手段和方法上不断得以更新和提高，使宣传与演出相得益彰。这期间，苏尼特右旗乌兰牧骑被评为"全区十佳乌兰牧骑"，获得自治区"萨日纳"奖、全国少数民族文学创作"骏马奖"等。

进入21世纪以来，以赴欧洲、非洲及蒙古国、美国进行演出为标志，苏尼特右旗乌兰牧骑开始登上世界舞台，将浓郁的民族文化和多彩的草原风情传播到世界各地。苏尼特右旗乌兰牧骑队伍不断壮大，各方面的条件已大为改善，然而，他们不忘初心，始终牢记"艰苦奋斗、扎根基层、服务人民、无私奉献"的初心使命，在新的形势下，以创新的精神不断开创着"二为"方针新局面。随着牧区群众文化网络的逐步健全，乌兰牧骑对基层文艺工作辅导的层次有了提升。他们在利用集中培训、影像教学等形式继续做好基层文化站（室）和业余文艺团队业务辅导的同时，根据农牧民文化素质不断提高、自发的文体活动日益活跃的实际，积极参与和辅导自娱自乐型为主的群众文艺活动，为推动群众文化生活作出了积极的贡献。全旗各地及部分学校相继成立了业余乌兰牧骑。这期间，苏尼特右旗乌兰牧骑被评为"全区一类乌兰牧骑""全盟优秀乌兰牧骑"和"服务基层，服务群众"先进集体荣誉称号，乌兰牧骑展厅被自治区党委宣传部命名为"全区爱国主义教育示范基地"。队员们还参加了"全国乌兰牧骑巡演""奥运会开幕式演出"等重大演出活动。

关于此段历史，我们不仅采访了一直工作在苏尼特右旗乌兰牧骑的老队员们，还访谈了已经离开乌兰牧骑多年的曾经的队员、已经去世的乌兰牧骑队员的子女。在采访中，我们发现，"乌兰牧骑"这四个字对于他们而言，不仅仅是一个单位名称，一段自己曾经或者是父辈曾经的工作经历，而是融入他们生命、铸入他们灵魂的无上信仰和血脉传承。扎·都格尔的女儿扎·乌吉斯古楞一直保存着父亲记录创作心得和作品的笔记本，回忆起父亲创作的诗歌被收录在当地语文课本,老师要求背诵却背不出时的窘态,眼神中满是对父辈那些乌兰牧骑队员们的崇敬,在她的身上,我们仿佛也看到了那些老一辈乌兰牧骑队员的影子。郭春峰是一名汉族队员,多年后回忆起乌兰牧骑在草原上为牧民办婚礼的场景,对蒙古族婚礼的习俗仍然十分熟悉,每个细节都如数家珍。刘英贤在苏尼特右旗乌兰牧骑工作时间并不长,但她却说:"乌兰牧骑刻苦练功、努力学习、'一专多能'和团结协作的团队精神,让我在生活和工作中受益良多。从那以后,我无论在哪里都会坚持这种精神和原则去工作、去生活。这种精神和原则一直激励着我,在工作上勤奋努力,生活中多姿多彩,幸福快乐,一直到现在。"瓦·钢宝力道一直在苏尼特右旗乌兰牧骑工作了43年,回忆起45年前在都希乌拉牧区与牧民群众做朋友、建立深厚友谊的3天时间,在他脑海中仿佛是昨天的事情,那样的清晰,那样的温暖。

于是,我们总结出,正是由于这种面向基层,以服务农村牧区为主,再加上精干的文化工作队这种特性,决定了乌兰牧骑与其他专业文艺团体的显著不同。它没有也不需要庞大的阵容、专业的分工,而是要演员少而精干,队伍机动灵活、轻装简从,能随时奔赴演出一线。不论是田间地头,还是草场毡房,乌兰牧骑的演出不受场地、舞台、布景等限制,能以与观众最近的距离,为观众歌舞唱戏。乌兰牧骑演出形式活泼多样,演出内容多以农牧民喜闻乐见的歌舞、小品、地方小戏为主。为了贴近农牧民的生活,获得农牧民的喜爱,许多节目要按照农牧民的审美需求,结合时代特色进行编创、演出。乌兰牧骑的基层演出服务,带去了党和政府对基层群众的关怀,密切了同农牧民的血肉联系,满足了各族群众的精神文化需求,丰富了农牧区的群众文化生活,对内蒙古农牧区的社会进步和经济发展产生了独特而深远的影响。基层农牧民怀着深厚的感情,把乌兰牧骑当作党和政府的"化身",当作农牧民贴心的儿女,把乌兰牧骑称为"玛奈(我们的)乌兰牧骑",把乌兰牧骑队员称为"玛奈呼和德(我们的孩子)",这充分体现了乌兰牧骑在农牧民心中的地位和作用。

丹森/绘

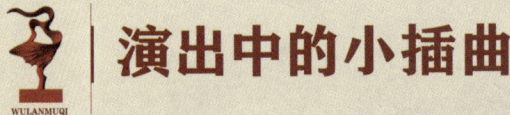

演出中的小插曲

其达拉图

1958年5月出生在苏尼特右旗，1976年6月进入苏尼特右旗乌兰牧骑担任舞蹈演员，擅长的乐器有笛子、雅托嘎（蒙古古筝）等。2018年5月退休。

1987年至2007年担任苏尼特右旗乌兰牧骑副队长。1984年，曾代表全区乌兰牧骑赴北京参加国庆典礼。1982年11月，编排、导演的木偶剧《考验》在内蒙古自治区乌兰牧骑建立25周年文艺调演中荣获创作奖。1987年，在内蒙古自治区乌兰牧骑建立30周年文艺会演中荣获个人"一专多能"奖。2014年，赴河南开封市参加全国首届木偶剧展演，作品《小黑猫》荣获表演银奖。

2017年乌兰牧骑建立60周年之际，被内蒙古自治区授予"从事乌兰牧骑工作30年以上优秀队员"称号。

扫码欣赏
歌舞《玛奈乌兰牧骑》

20世纪70年代末80年代初，在基层条件依然艰苦的情况下，我们乌兰牧骑仍经常下乡演出，队员们以满腔的热情克服困难，全心全意为农牧民服务。下面我分享一下基层演出当中两则小故事：

一个是1983年夏，在乌日根塔拉苏木巴彦敖包嘎查演出。演出后，演员们回到住处一看，大家都惊呆了，原来苏木给演员们安排的住宿地是苏木的一间仓库，里面堆放着一些杂乱的物品，甚至还有老鼠。这里的条件有限，我们的队员毫无怨言，还是住了下来。第二天照常练功、练声、练琴，准备下一场演出。在演出中，一位老额吉把我硬拽到她的蒙古包，翻箱倒柜给我找好吃的，拉着我的手说，我也没有儿子，你做我的干儿子吧！她的要求来得太突然，但她的淳朴、善良、直率打动了我，略加思考，就爽快地说道："额吉，我愿意做您的干儿子。"从此，我有了一个草原母亲。我懂得，老额吉是因为喜欢我们的演出，才喜欢上了我，这是我们乌兰牧骑的骄傲。此后，我与老人一直保持着联系，互有来往，情同亲骨肉一般。其实，与草原牧民有母子情、父子情、姐妹情、兄弟情的人不止我一个人，一代代乌兰牧骑的很多人都有着这样美好、幸福的经历。草原牧民与乌兰牧骑的队员是一家人，这才有了一家亲，有了这深深的缘、浓浓的情。

一个是1984年秋，在都呼木苏木都呼木嘎查演出。演出当中有一位小伙子问我："你们演完后就回去吗？能去我们家唱几首歌吗？我妈妈眼睛不好，也不能下地。"我立即回答："行，我们演完了马上就去。"演出结束，我们跟着小伙子去了他家，小伙子高兴地告诉他母亲，乌兰牧骑来咱家给你表演节目呀。这时小伙子的母亲高兴地说："快点熬茶！"我们说："不用了，这就给您演出了。"老人家非常感动地说："我这辈子很有福气，能有这么好的机会听到乌兰牧骑队员唱的歌，孩子们能让我摸摸你们的乐器吗？"这时我们把乐器拿到了老人家身边，老人家边摸边高兴地说："好，非常好。"演出结束后，我们又给老人家梳头、洗脸、打扫屋子。老人家感动地说："孩子们辛苦了，休息一会儿喝碗茶吧！"我们谢绝了老额吉的招待，奔向了下一个演出点。我们只为一位老人、一位正在放牧的牧民演出也是常有的事，每次演出我们也都是认真准备，热情饱满。对于我们来说，这只是一场普通的演出，但对他们而言，可能是幸福一生的美好回忆。

▲1983年，进学校表演木偶剧《小三毛》

怀念父亲

扎·都格尔（1946—1995年）

　　出生于镶黄旗牧民家庭，蒙古族，国家二级演员。1971年毕业于乌兰察布盟师范教师进修班，分配到苏尼特右旗乌兰牧骑工作。

　　他先后创作了较有影响力的《蒙古雅托噶》《牧民的喜悦》《敬酒歌》《你好！春天》《撒谎者与马屁精》《性格的述说》《你好！红格尔山》等歌曲和好来宝作品。还创作了相声《诗人之家》《绿缎被子》和话剧《家庭赌博》《在边疆》等。

　　曾任中国曲艺家协会会员、内蒙古曲艺家协会理事等。

▲ 1977年10月，在哲里木盟（现今通辽市，后同）参加好来宝交流会

　　我叫扎·乌吉斯古楞，扎·都格尔是我的父亲。提起乌兰牧骑的扎·都格尔在苏尼特右旗几乎无人不知，他创作和演出的作品深受苏尼特草原上农牧民们的喜爱。爸爸在家里话不多，对孩子们从来不发脾气，因为我是家里唯一的女孩，他格外宠爱我，把我当掌上明珠，但他却从不溺爱我，对我要求也很严格。

　　我上小学四五年级的时候，语文课上有一篇《教师赞歌五首》的课文。老师说过这首诗的作者是我们的一位家长，但我从来没有想到是我爸爸，我只觉得这篇课文太难背了。老师留了背诵课文的作业，我绞尽脑汁都背不熟，差点哭了。妈妈说这首诗是你爸爸写的，我不信。爸爸下班回来时问他，他笑着说："是爸爸写的，看看你背得咋样？"我一脸的窘态，但在爸爸的引导下，还是很快就背熟了。

1988年我爸爸患病住院期间，乌兰牧骑派布仁巴雅尔叔叔陪床。他们不好好休息，反而一宿一宿地聊天。为了感谢医院护士无微不至的照顾，爸爸写了一首《护士之歌》，由布仁巴雅尔叔叔作了曲，就这样，即便是在医院的病床上，他们依然创作出了一首优美的歌曲。

1977年10月，四省区（现在八省区）好来宝艺术经验交流会在哲里木盟召开。内蒙古参会的有著名好来宝艺术家道尔吉、那顺，还有我父亲与他的徒弟瓦·钢宝力道，瓦·钢宝力道叔叔那时才十六七岁。当时四省区比较有名的额尔登朱日和、确吉格瓦、乌那格、布仁巴雅尔等好来宝艺术家都参加了这次交流会，交流会开了将近两个月。那次的会议开得很务实，参会的每位好来宝其（说唱好来宝艺人）都要表演一段好来宝，录制好以后，大家一起讨论研究，相互学习，同时下乡演出。我爸爸表演的是胡仁乌力格尔《呼日乐巴特尔》，讲的是反封建反压迫的英雄故事。胡仁乌力格尔艺术在内蒙古东部广为流传，主要素材以中国古代历史故事为主。爸爸表演的好来宝内容新颖、语言丰富、风趣幽默，令人耳目一新，参会的艺术家们听后都赞叹不已。

我爸爸性格善良耿直，他的这种性格在《撒谎者与马屁精》等好来宝作品中有着完美体现。爸爸乐于助人，爱惜人才。因条件有限，牧区的孩子想学艺术很难，找爸爸修改稿子或咨询的人很多，爸爸经常帮助那些有艺术天赋的孩子想办法。

爸爸风趣幽默，尤其在拉起四胡说好来宝的时候。他经常自嘲说："红脸，长鼻，唇上有痣的就是乌兰牧骑的都格尔我呀。"爸爸说好来宝的时候，都是即兴创作，他只要拉起四胡，就能出口成章，对着现场的观众描述他们各自的特点，台下的观众笑得前仰后合。他描述人的时候从来不恶意讽刺，而是抓住人的某种特点，用风趣幽默的语言夸赞。据说，有一次在赛汉塔拉镇乌力吉苏木额很乌苏嘎查演出时，有个调皮的小伙子缠着爸爸非要让爸爸说讽刺他的好来宝,爸爸无奈之下说了一段,那个小伙子晚上做了噩梦,十分后悔自己逼着善心的艺人说挖苦人的好来宝。

1995年1月25日,正当每家每户准备过年时,我们家却沉浸在失去亲人的痛苦之中。父亲去世时才49岁,他过早地离开了我们,离开了他所热爱的艺术事业,离开了乌兰牧骑大家庭。内蒙古广播电台著名主持人那顺曾评价我的父亲说:"扎·都格尔老师的歌词曾是一代歌词创作的巅峰。"

▲ 与著名相声演员金巴扎木苏交流创作心得

最后,用爸爸笔记本中的一段话结束这段回忆吧!

用笔墨串连珍珠,

为鲜花增添芳香。

为民族文化宝库,

献上心灵的果实。

(扎·乌吉斯古楞)

 # 事业之路——乌兰牧骑

图·呼日勒巴特尔

1962年1月出生于锡林郭勒盟苏尼特右旗额仁淖尔苏木，蒙古族。1983年被苏尼特右旗乌兰牧骑招录，主要专业为声乐，多能为马头琴演奏。2022年1月退休。

2010年10月被评为内蒙古自治区级非物质文化遗产（苏尼特长调）代表性传承人。2015年被聘为文化部民族民间文艺发展中心北方草原音乐文化研究与传承基地研究员。先后荣获了内蒙古自治区第二届民间文化阿尔丁奖、内蒙古自治区首届小型蒙古剧剧本评奖比赛二等奖等。

2017年被授予"乌兰牧骑培养的优秀人才"称号。

▲ 1983年下乡演出

1983年6月，我以长调艺术特长考入苏尼特右旗乌兰牧骑。其实，我比较喜欢演唱流行的创作歌曲，但是乌兰牧骑队长巴图朝鲁老师和指导员伊兰老师，经常嘱咐我好好唱苏尼特民歌，并强调民间有很多值得学习的东西。多年以后，我才体会到他们的谆谆教诲和悉心引导对我的帮助有多么大。

有一次，在白银哈尔下乡演出时，有一位身材魁梧的大哥热情地邀请我们去他们家，他叫朗图。我们在他家里唱了一晚上的长调民歌，朗图哥唱《小花马》特别有味道，曲调悠长，朴实无华，词句明了，正是苏尼特长调民歌的风格。朗图哥的妻子也很爱唱歌，嗓子又好，将长调民歌《辽阔草原》唱得别有一番味道。就这样，我更加爱上了民歌，开始了我搜集民歌的历程。

作为苏尼特右旗乌兰牧骑的一员，我从20世纪80年代开始搜集苏尼特民歌，2005年与乌兰牧骑赛西雅拉图等人编辑出版了《苏尼特民歌》，随后又出版了《苏尼特传统民间文化（口传诗体）选集》《苏尼特右旗文物总集》等图书，荣获自治区民间文化阿尔丁奖。这些成绩都是乌兰牧骑给的，我做的这些工作，也是我们乌兰牧骑做好文化遗产传承保护工作和挖掘、整理优秀民族民间艺术工作的职责所在。

关于乌兰牧骑的一些回忆

包哈斯

　　1961年出生于苏尼特右旗,蒙古族,1976年考入苏尼特右旗乌兰牧骑。1976年6月至1983年3月在苏尼特右旗乌兰牧骑工作。1986年9月至1988年7月在内蒙古艺术学院学习,中专毕业。同时在函授大专音乐专业学习,获得大专学历。

我从小受父亲的影响，对艺术产生浓厚的兴趣。我父亲乌力吉陶克套是苏尼特右旗乌兰牧骑第一任队长。1976年苏尼特右旗乌兰牧骑招录新队员时我被录取了，圆了我的艺术梦想，那年我刚刚15岁。那次苏尼特右旗乌兰牧骑招录了哈斯、其木格、乌兰高娃、白燕、孟学荣、布仁巴雅尔、其达拉图、都日斯哈拉图、瓦·钢宝力道、巴图等10人。当时乌兰牧骑队长为赛音巴雅尔，指导员是尼玛敖斯尔，乐器指导老师是巴图朝鲁，声乐指导老师是斯琴高娃，舞蹈指导老师是达林太。老队员有胡木吉勒图、扎·都格尔、吴喜平、费宝金、高金梅、其其格等人。当时，不管是领导还是老队员都是艺术功底深厚，都是"一专多能"。又先后来了郭春峰、苏日雅、萨仁花等艺术学校毕业生，这样我们组成了一个温暖的大家庭，大家同欢乐共患难，走过了那段值得回忆的乌兰牧骑岁月。

我刚入队时，乌兰牧骑的演出服没有几件，我们格外珍惜那些演出服。我们女演员表演群舞、合唱、演奏时穿的袍子就那么两三件。我们有一件浅粉色的袍子，黑色镶边，佩戴黑色腰带，是女声合唱和主演演奏时穿的。表演《挤奶舞》的时候，演员们还在上面套上带有美丽的牡丹刺绣的白色围裙。群舞《彩虹》的演出服是绿色的绸缎袍子，镶有黑色边，佩戴黑色腰带，宽松的裙摆，表演旋转动作时显得特别漂亮。我们都特别爱惜表演用的服装、乐器和道具，每次演出结束后把衣服叠得整整齐齐，放进包裹里。

一次我们去牧区演出突降大雪，雪越下越大转成了暴风雪。车辆深陷雪坑不能前进，附近没有住户，天渐渐黑了，地面上没有参照标识物，难以辨别方向，更没有通信设备可以联系求救，我们陷入绝境。带队领导们当即命令："男演员领着女演员下车做跺脚、搓手等热身活动，绝不许冻伤任何人！"有的男队员脱下皮大衣给女演员披上或者包在腿脚上，后来是我们的队长在风雪中徒步几十里找来牧民把我们带到了蒙古包里。虽然已经是半夜了，大家又都冻得直哆嗦，但没有一个人冻伤，大家互相鼓励，共同渡过了这次难关，心里都暖暖的。虽然吃了很多苦，但我在乌兰牧骑这个大家庭里很温暖，只要社会需要我，群众需要我，我就无条件地奉献自己的力量，这就是乌兰牧骑滋养给我的精神财富，让我终身受益。

我刚入队时每月工资18块钱，计划不好的话不够一个月的开销。我考进乌兰牧骑的那年我姐姐考入了内蒙古农业大学。当时，我们兄弟姐妹中我是第一个参加工作挣工资的人。所以，理所当然地承担一份家庭责任，减轻父母的负担。我每个月从工资里拿出10块钱，寄给上大学的姐姐，直到她大学毕业为止。姐姐对此心怀感恩，经常和后辈们提及此事。我们乌兰牧骑队员们对有困难的牧民们也都是倾囊相助，又何况是自己的亲人呢。

正是在乌兰牧骑这个大家庭中，让我养成了认真工作的态度、朴实的生活作风和坚韧不拔的毅力，使我懂得了做人的道理，让我终身受益。乌兰牧骑就是我人生的大学。

一次辅导基层文艺的经历

高金梅

出生于1955年3月,汉族,专业为舞蹈,多能为编舞。1971—1980年,在苏尼特右旗乌兰牧骑工作。1980—1985年,在内蒙古少年艺术团工作。1986年,调入呼和浩特市民族歌舞团(后改为呼和浩特市民族演艺集团民族歌舞剧院),现已退休。

1985年,编创的群舞《小蘑菇》获内蒙古自治区少年舞蹈艺术大奖赛优秀创作奖。1986年,在内蒙古文联、呼和浩特市文联、呼和浩特市青联举办的文艺大奖赛中,编创的双人舞《欢乐的草原》获表演二等奖、优秀创作奖。

▲ 1974年，在牧区打草场上为牧民演出　吴炳魁/摄影

1974年11月中旬，苏尼特右旗乌兰牧骑为了做好群众文化艺术辅导和指导工作，要求队员们尽快下到农村牧区去。指导员李有勤在第一时间部署了工作。考虑到牧区居住分散的特点，他把乌兰牧骑队员分成多个小组，这样有利于深入更多的牧区嘎查，积极辅导基层开展各项文体活动。

　　我和斯琴高娃分配到了一组，准备工作就绪后，我二人便奔赴到了苏尼特右旗的一个叫"额仁诺尔"的边防公社。我们的任务是对公社小学的学生进行艺术辅导。孩子们对我们的到来都感到很新奇，对学唱歌跳舞也表现出了极大的兴趣，一下课或者是辅导课的时候就围着我们问这问那，让我们教他们舞蹈基本功、识谱和练声，每一个孩子都特别认真地学。压腿疼得直咧嘴，但是孩子们仍然坚持，上学、放学的路上也"咿咿呀呀"练声学习。一个多月的时间里我们为公社小学编排了《小摔跤手》《我们是公社的小牧民》《小小的挤奶员》等6个舞蹈，教唱了《枣红马》《小骑手》《彩虹歌》等8首歌曲以及学演了诗歌朗诵《我的祖国》、儿童活报剧《擦亮眼睛保边疆》。在这期间，我们帮助学校搞了一次慰问边防部队的演出活动，得到了部队官兵们的一致好评，公社小学也获得了"德才兼备，备战备荒，育人好学校"的称号。校方对我们的辅导工作给予了很高的评价。

　　在20世纪70年代，虽然物资匮乏，生活艰苦，那时候的孩子们没有今天这么多娱乐项目，但是因为有了我们乌兰牧骑的辅导和艺术普及，在孩子们心灵深处种下了艺术的种子，为孩子们上了人生第一堂艺术课，丰富了孩子们的精神世界，对此我们感到非常光荣和自豪。

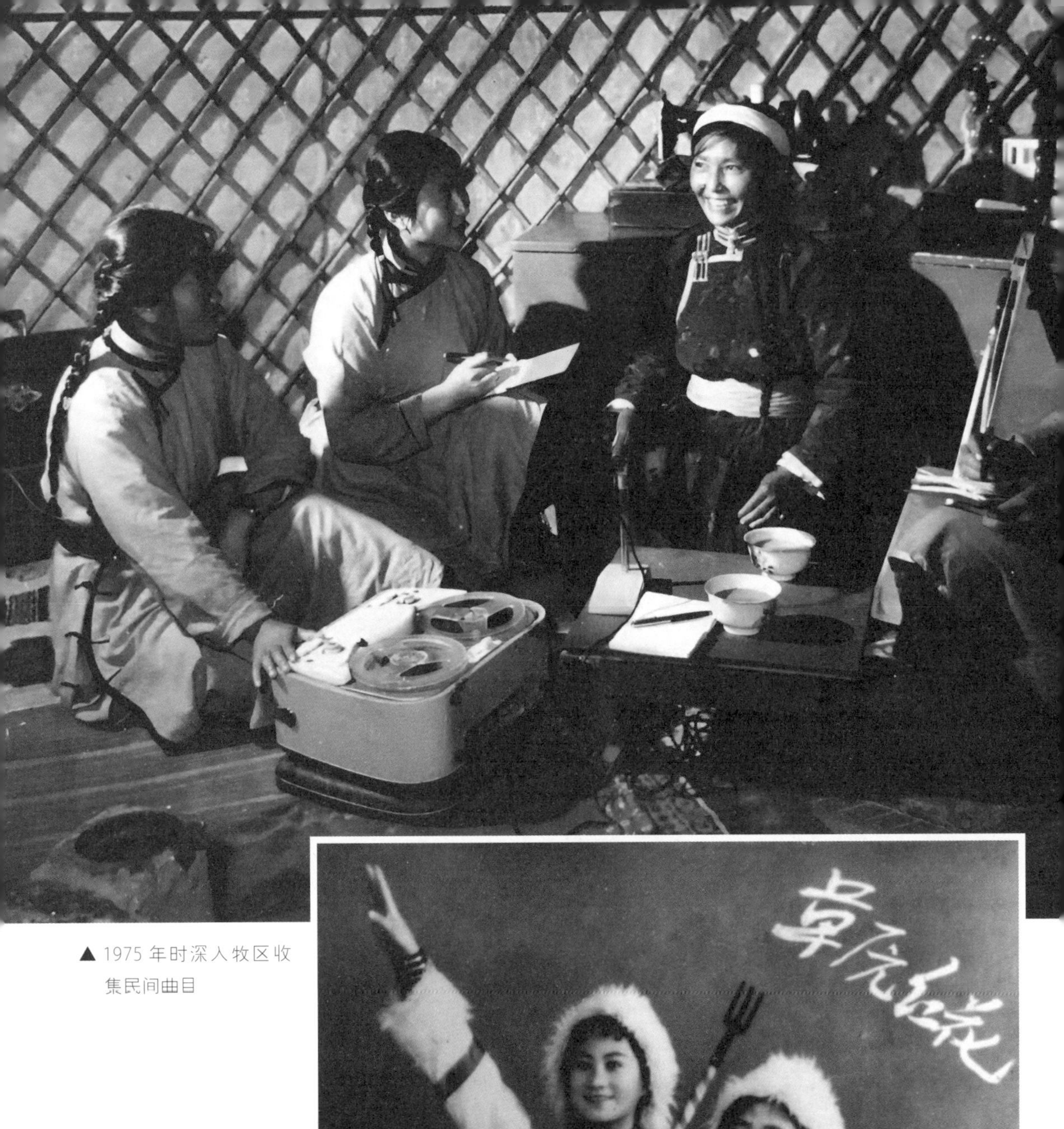

▲ 1975年时深入牧区收集民间曲目

▶ 舞蹈《草原英雄小姐妹》剧照

和牧民在一起

郭春峰

出生于1958年6月,汉族。1978年毕业于内蒙古艺术学校,同年进入苏尼特右旗乌兰牧骑工作,曾任副队长一职。专业为手风琴,多能为作曲、编曲等。1986年调入乌兰察布盟察右前旗乌兰牧骑工作,曾任队长一职。

创作的作品有歌曲《我爱美丽的草原》《朋友!趁我们还年轻》、舞蹈音乐《百灵鸟在飞翔》、混声合唱漫瀚调《天下黄河》、小号协奏曲《永远的那达慕》等。

曾赴京参加国庆35周年庆祝彩车游行活动,多次参加乌兰牧骑会演和各类大型演出活动并获得奖项。曾多次被评为乌兰牧骑优秀"一专多能"队员和先进工作者。

好来宝的使者

扎·都格尔老师是苏尼特右旗乌兰牧骑早期的老队员,从事艺术工作一辈子,深受牧民喜爱。我和扎老师相识,是在1978年的下半年,那时我刚毕业来到苏尼特右旗乌兰牧骑工作。

扎老师一生热爱曲艺,特别热爱好来宝艺术,经常自己创作作品,他热爱学习,常工作到深夜。他为好来宝艺术付出了一生的心血,作出了杰出的贡献,他的作品给牧民生活增添了欢歌笑语。

我们乌兰牧骑的演员无论是小伙,还是姑娘们都愿意跟着扎老师下乡,扎老师走到哪儿都受到牧民们的欢迎,牧民们都拿出家里最好吃的招待他。不仅有手把肉、炒米、奶茶、奶酪等美食,还有热情的笑脸,可想扎老师在牧民们心中的地位有多高啊。扎老师却说:"这是牧民们离不开好来宝,离不开咱乌兰牧骑。"

扎老师对我们年轻一代很好,知道我是从艺校毕业,来到草原生活有些不习惯,所以经常教我蒙古语日常用语,并让我了解一些牧区习俗。扎老师在锡林郭勒盟、乌兰察布盟以及内蒙古东部地区都有很高的威望和名气。好来宝说书一般是在晚上演出。扎老师说书很投入,说到悲情处,眼泪会掉下来;说到情绪高涨时,能逗得牧民们开怀大笑。他有时能说一整夜,牧民们就聚精会神、一动不动地听他说书。

有一次他说完书,回到住的地方已到后半夜两三点了。当时我们的住所是用帐篷搭起来的,因为下乡,条件不好,没有几个蒙古包,牧民们为我们搭起了两个帐篷。其达拉图、瓦·钢宝力道和巴图朝鲁老师在一个帐篷,布仁、都日斯哈拉图、扎老师和我在另一个帐篷,女演员住在蒙古包和牧民家里。草原的天气瞬息万变,后半夜突然大风四起,接着是大雨。我们两个帐篷都进雨水了,气温急剧下降,冻得我们直打牙战。当时我们

▲ 乌兰牧骑队员与牧民同吃、同住、同劳动

几个小伙子都睡下了，扎老师因为说了一夜好来宝，还没有睡，就第一时间发觉刮风下雨，是扎老师把我们叫醒，把行李打包好，衣服穿好，就在帐篷里待着。这时，我们的队长巴图朝鲁老师走进来，看望我们几个队员，最后巴老师和扎老师决定，拿起行李和乐器，连夜搬到一个安全的地方。

1995年1月25日，扎·都格尔老师不幸病故，这和他长年累月夜里说书，工作太累不无关系，我们失去了一位尊敬的师长，牧民们失去了一位喜爱的好来宝大师。

为草原牧民办婚礼

1980年8月，苏尼特草原白音郭勒嘎查，传来了即将举办婚礼的喜讯，乌云其木格要结婚成亲了。乌兰牧骑领导决定派一个小分队,由李师傅驾车到场助兴。白音郭勒草原那年草场长势喜人,随处都能闻到草的芳香。我们的小分队有布仁、其达拉图、都日斯哈拉图、瓦·钢宝力道和我,我们从住地出发,一同坐着嘎斯四驱拉炮车,走了百十多里后才到达指定地点——白音郭勒嘎查。牧民们穿着鲜艳的蒙古袍,脸上带着笑容,赶来参加婚礼。

首先是晚上的宴席,蒙古族有个习俗,就是结婚的前夜,男女双方都要各自接待远方来的亲朋好友,他们从晚上一直欢闹到后半夜,也有一夜不睡的,欢歌笑语一直到第二天早晨……这次扎老师他们早有准备,远道而来的亲人们,都穿着节日盛装,头戴华丽的饰品。乌云其木格(新娘子)还为大家演唱了歌曲,《乌优代》是她的拿手曲目,新娘子嗓音甜美,穿透力强,是一位真正的"草原歌手"。其达拉图为晚宴表演笛子独奏《牧民新歌》,布仁用马头琴演奏《草原连着北京》,瓦·钢宝力道表演好来宝《喜事到》,还有用手风琴演奏的《草原上升起不落的太阳》和三人小歌剧《珍贵的礼物》等。晚宴一直到后半夜两点多钟才结束。第二天上午9点多,男方的迎亲马队到了,有60多人,个个都骑着骏马,有一匹装饰得五颜六色的骏马,马鞍特别漂亮,一看就知道,这是为新娘准备的。按照当地传统礼节,迎亲的人们到达女方家后,必须喝一碗下马奶酒才能进蒙古包。乌兰牧骑队员站成一行,拿起马头琴、手风琴和笛子伴奏,唱起了悠扬的草原长调,响彻整个白音郭勒嘎查……草原的老额吉勤劳、善良,乌云其木格的母亲拉着女儿的手,深情地告诉乌云其木格,到了自己的新家后,一定要孝顺公公婆婆,他们就是你的父母亲人,要和和美美的。听到这些嘱咐的话语,马上要离开亲爱的额吉,乌云其木格泪如雨下,没有更多的语言安慰妈妈。女大当婚,人之常情,她也把额吉的教诲记在了心头。

半小时后，迎亲的队伍要出发了。马队由男女双方150多人组成，我们站在汽车上面跟着，马队排成一个长队，很是壮观。在奔驰的队伍里，有位骑手非常兴奋，一手拿着马鞭摇动，一手拉着马缰，身体侧歪在马肚边，看上去很危险，嘴里还哼着蒙古小调，呵！潇洒的马背骑手。在奔驰的马队中，有一位牧羊姑娘骑的马突然摔倒了。我们的车子也停下查看情况，原来是草原上的鼠洞，把牧羊姑娘的马绊倒了。好险啊！不过，这位牧羊姑娘拍了拍身上的土，抖了抖蒙古袍，向我们笑了笑说了声"哈玛贵"（蒙古语为"没关系，没事"的意思），然后重新上马，飞快地跟上队伍飞奔而去。

按照习俗到达新郎家后，不能直接进院，骑手们策马顺时针绕蒙古包三圈才下马……

婚宴是在一个较大的牧区活动室办的，牧民们穿着蒙古袍，热情地相互问候着，欢声笑语非常热闹。"金杯银杯斟满酒，双手举过头，炒米奶茶手把肉，载歌载舞庆佳节，今天喝个够……"歌声萦绕在欢腾的草原上，我们几个和新郎新娘以及他们的亲朋好友们一起欢快地奏着乐、唱着歌、跳着舞，一起分享着这美好的时刻。

草原上最美的彩虹

陈晓莉

　　出生于1955年7月,蒙古族,中共党员,大专学历,籍贯内蒙古赤峰市。

　　1971年11月17日参加工作,成为苏尼特右旗乌兰牧骑的一名舞蹈演员,1976年调到苏尼特右旗邮电局工作。

在乌兰牧骑工作期间，虽然当时条件十分艰苦，但是我们每一位队员都能克服困难，迎风雪、冒寒暑，深入基层和边防部队慰问演出，把老百姓喜闻乐见的文艺节目送到家家户户，深受广大牧民的喜爱。在那个年代交通不是很方便，下乡时坐的都是敞篷汽车，有时是马车。特别是冬天下乡演出，几个小时的车程，下车时腿脚都冻麻木了。每当看到牧民们那渴望和期盼的眼神，淳朴善良的笑容，我们一路的疲惫一扫而光，立即以饱满的精神状态投入演出，表演好每一个节目。到边防哨所演出时，有时就两三个观众，但我们同样认真地去演。

一次，我们专程为一位瘫痪的老额吉去演出。当我们踏进蒙古包时，老额吉好像不相信自己的眼睛，她揉了揉眼睛，睁得大大的。队员们热情地叫她"额吉"时，她连连应着，高兴得热泪流了出来。

我们就在老额吉床前演了起来。这里虽然只有一个观众，但我们却演得十分认真。演完一个节目后，我们问老额吉："您听得懂吗? 我们再给你说个好来宝吧!"

"好，好，我听得懂，全懂啦!"

从演出开始直到结束，老额吉两眼一直闪烁着泪花。节目演完，她拉着我的手，激动地说："孩子，给你点儿钱买点好吃的吧，算我的一点心意。"

我说："不，额吉，我们是革命文艺工作者，让每个牧民都能看到我们的节目，就是我们的愿望。"

老额吉说什么也不听，把钱交给儿子，要儿子硬往我口袋里塞，说："你们赶那么远的路来给我们演戏，你不收，我过意不去。"

我没有办法，只好偷偷将钱塞在她枕头下，连忙告别走出蒙古包。老额吉让儿子把她扶到蒙古包前，久久地凝望着我们走远。

在乌兰牧骑的几年中，我学到了很多，对我的一生都有很重要的影响。愿乌兰牧骑的脚步不停、传统不丢、本色不改，创作出更多更好更接地气的优秀作品。

影响最大的人和印象最深的事

瓦·钢宝力道

1959年12月出生于赛汉塔拉镇巴润宝拉格嘎查，蒙古族，国家二级演员。1976年被招录到苏尼特右旗乌兰牧骑工作，直至2019年12月退休，在乌兰牧骑工作了43年。他先后创作和表演好来宝1000多部、群好来宝200多部，即兴创作的好来宝300多部，祝颂词500首，回忆录等60篇，歌词116首，并出版了《草原明珠赛汉塔拉》《乘爱启程》等作品集。

创作的多部作品获得全区乌兰牧骑艺术节作品奖、内蒙古自治区"道尔吉仁钦杯"好来宝大赛奖、八省区"吉鲁根"祝颂词大赛奖等。歌曲《温暖的摇篮》（吉雅图作曲）在中央人民广播电台"苍天之韵"新歌大赛中获得"好歌"奖。歌曲《梦想之光》（伊德新作曲）在全区首届精品流行歌曲大赛中获得优秀歌曲奖。

1987年被评为全区文化工作先进个人，2017年12月被内蒙古自治区授予"从事乌兰牧骑工作30年以上优秀队员"荣誉称号，2018年被评为好来宝艺术旗级代表性传承人。

扫码欣赏
好来宝《乘爱启程》

雅托噶艺术大师——扎木苏

1995年12月26日，苏尼特右旗文化局局长达布希拉图派副局长贵苏和其达拉图我们三人，去料理扎木苏老师的后事。我们前往吉呼郎图苏木查干哈达嘎查。

汽车顺着草原上弯弯曲曲的车辙奔跑，在车的颠簸中我思绪纷飞。扎木苏老师和我父亲是老相识，他们曾是王府乐队成员。扎木苏老师出生于1922年，3岁起被祖父抚养，祖父达木林时任苏尼特右旗梅林（旧时官位），也是当时苏尼特右旗颇有名气的艺人。扎木苏受祖父的影响，从小擅长马头琴、四胡、三弦等民乐的演奏。16岁被选入苏尼特王府乐队，主要弹奏雅托噶。

1944年10月，扎木苏老师与我父亲敖其尔在乌兰浩特参加演出活动，扎木苏老师弹奏雅托噶，我父亲演奏马头琴，合奏《阿斯尔》《八曲》等民乐，他展现出的艺术才华，让观看的人们赞叹不已。

1955年在全区民间艺术大赛中，扎木苏老师获得二等奖。1959年在锡林郭勒盟会演中，扎木苏老师由民歌改编的曲子《呼啸而过的羚羊》获得一等奖。同年秋季，他还参加全区艺术家代表团，赴北京为党和国家领导人及首都人民演出，被授予"民间艺人"称号，并荣获金奖。

1960年，扎木苏老师与我父亲受邀到内蒙古艺术学校，扎木苏老师传授雅托噶演奏技法，我父亲传授马头琴演奏技法。中央民族歌舞团伊希苏荣、内蒙古艺术学校马头琴老师敖特根巴雅尔、雅托噶老师娜仁格日勒、锡林郭勒盟歌舞团都贵玛等都是他们的学生。当时，天津市艺术学院的一位老师特别欣赏他的雅托噶演奏技巧，曾专门来拜他为师，向他学习雅托噶演奏。1979年，内蒙古广播电台召集长调歌唱家哈扎布、雅托噶艺术家扎木苏、民歌歌手查干巴日等全区著名民间艺术家，录制他们表演的作品，

2009年7月,瓦·钢宝力道在锡林郭勒盟第十五届乌兰牧骑会演上表演好来宝《表心的祝福》

为我们留下了珍贵的艺术档案资料。

1980年初,按照扎木苏老师本人的意愿,时任苏尼特右旗乌兰牧骑队长的巴图朝鲁同志多次找到旗相关领导,为扎木苏老师争取到乌兰牧骑正式编制,将老艺术家吸收到乌兰牧骑。扎木苏老师到乌兰牧骑以后,发挥余热,把雅托噶演奏传授给了更多的年轻人。

1981年12月,扎木苏老师应锡林郭勒盟群艺馆邀请,为全盟雅托噶、马头琴培训班授课,与他一起去授课的还有锡林郭勒盟马头琴艺术家阿旺希日布老师。1983年7月,内蒙古文化厅、八省区蒙古语文工作协作领导小组办公室在锡林郭勒盟白音锡勒牧场举办民乐器培训班。这次培训班的目的是为全区乌兰牧骑培养民乐器人才。扎木苏老师为培训班授课。通过此次培训培养出其达拉图、胡其图、苏伊拉图、哈斯、斯琴等新一代雅托噶艺术人才。1987年,中国古筝协会在扬州市召开会议,扎木苏老师应邀参加,在大会上精彩的雅托噶弹奏,令所有参会人员折服，组委会特奖励他十六根弦古筝。同时还被中国古筝协会吸纳为会员。扎木苏老师生前还曾担任过锡林郭勒盟政协委员等职务。

扎木苏老师为人和善、幽默风趣。我曾多次与我的老师扎·都格尔、热西格瓦老师、巴图朝鲁老师和扎木苏老师的学生其达拉图等人去扎木苏老师的家里看望他，同时欣赏他的雅托噶弹奏。每次都是一场小型演出，扎木苏老师的小屋里琴声回荡，歌声飘扬，我们都沉浸在欢快的气氛中。

扎木苏老师是我艺术道路上的指路人，他时常教导我们要沉下心来，传承好民间优秀的传统文化，在他的谆谆教诲下，我在乌兰牧骑工作43年，挖掘整理民间曲艺作品和文艺素材，潜心创作，直至退休都没有换过工作岗位。我之所以在艺术的道路上取得了一些成绩，与扎木苏老师的言传身教有着很大的关系。

在生产一线的乌兰牧骑

60多年来，乌兰牧骑以文艺为人民群众服务，让群众感受到党和国家的关怀，宣传党的政策。现在，我跟大家分享一下我印象比较深的，我们苏尼特右旗乌兰牧骑在生产一线为群众送去党和国家的关怀，以优美的歌舞为群众服务，与牧民群众同吃同住同劳动的感人故事。

1977年的暮春，我们在阿其图乌拉公社巡演，走到都希乌拉大队的时候，正逢大队组织牧民剪驼毛。当时，都希乌拉队部有两排办公用房，将两排房用围墙连起来，里边有办公室、食堂、会议室，按当时的标准来说，办公条件比较好。乌兰牧骑队员人手一块帆布，这是我们打包行李用的。我们每到一处，在指定的住处打开行李，铺开被褥，这就是我们临时的家。

我们中午演出结束后马上投入到剪驼毛的劳动中。都希乌拉大队大概有三百多峰骆驼。剪驼毛是件繁重而危险的劳动，驯服过的骆驼还好，抓到和绊倒那些没驯服过的骆驼需要勇气、力气和智慧。乌兰牧骑的男队员与牧民们一起用长绳子套住骆驼的四肢，利用骆驼跳跃奔跑的工夫，用力拉紧绳子，捆住四肢，将它绊倒，绊倒以后赶紧剪毛。任何一个环节都不能有误，稍有闪失，轻则骆驼脱绳，所有的付出白费，重则有人员受伤。为了安全起见，我们不让女队员们靠近，我们剪好了以后她们才可以装毛。剪毛和打烙印同时进行，女队员们将烧红的印子送到我们的手里，我们接过印子，印在骆驼后胯两侧。

当满天星星闪烁的时候，乌兰牧骑的演出又开始了。劳动了一天的牧民观看了我们的表演以后，疲惫感顿时消失，心情愉悦，精神焕发。牧民们看了一遍不过瘾，鼓掌很长时间，要求再演一次，我们就按照观众的要求反复演出，因此演出往往延续到很晚。演出结束以后，牧民们还是恋恋不舍，不肯离去。每当这时候，队领导就安排好来宝节目。好来宝是牧民喜爱的节目，人们在大蒙古包里围坐在一起听好来宝，听到凌晨三四点都没有一点倦意，听得津津有味。我和我的老师扎木苏参加完演出经常还为牧民说好来宝，很晚才能休息，但是第二天照常参加劳动。

那次在都希乌拉我们整整待了3天。白天参加劳动，晚上演出，连续3天晚上为牧民们说好来宝，有时在牧民再三恳求下能说到天亮。牧民群众如此喜爱我们的演出，我们感到很有价值，全身充满力量，一点也不累。最后一天的中午，我们与牧民们告别，奔向下一个演出点，牧民群众站在队部办公室前向我们挥手告别，恋恋不舍地望着我们的车渐渐走远，消失在茫茫草原深处。

在这3天的演出和劳动的过程中，我们与牧民群众做了朋友，建立了深厚的友谊，用我们的歌舞、好来宝带给他们快乐，牧民们也把我们当成了亲人。这样的经历很多，虽时隔40多个春秋，但是在我脑海中仿佛是昨天的事情一样，那样的清晰，那样的温暖。

 | # 难忘的轻骑兵岁月

李建华

　　出生于1954年5月,汉族,中共党员。1971年3月至1972年4月在苏尼特右旗新民公社知青点插队锻炼;1972年4月至1972年12月由苏尼特右旗新民公社知青点正式抽调到旗乌兰牧骑工作,任笛子演奏员。1972年12月至1978年6月参军,1978年6月至1981年4月复员后到苏尼特右旗一中任共青团专职副书记,1981年4月至2014年6月调到乌兰察布盟委宣传部工作,2014年6月退休。

1972年4月,我从一名苏尼特右旗新民公社的知青,被正式抽调到旗乌兰牧骑工作,担任笛子演奏员,成为一名光荣的文艺轻骑兵。当时文艺事业正在恢复发展,队领导对我们要求非常严格,从生活起居、基本功训练、专业水平提升等方面进行系统管理。按照"一专多能"的要求,队领导盯着我练基本功,指点我反复练习笛子独奏曲的重点和难点,并用手风琴为我伴奏。很快我演奏的《牧民新歌》《扬鞭催马运粮忙》独奏曲有了新的提高。在辗转跋涉草原,深入苏木、嘎查、牧场演出过程中,我们的舞蹈、声乐、器乐独奏等节目受到了广大牧民群众的喜欢。

在旗乌兰牧骑工作近一年,虽然短暂,但对我的世界观的形成产生了重要影响。在后来参军,从事军旅文艺宣传工作和复员后从事青年团工作,以至调入乌兰察布盟宣传部的几十年的工作中,我一直秉承和弘扬乌兰牧骑的光荣传统,不负韶华,为党的宣传思想文化事业奉献了自己的力量。

▲ 1974年,在脑干诺如苏木打草场上慰问演出

永恒的精神在传承

刘英贤

出生于1966年7月,汉族,曾用名:刘银先。1983年被招录到苏尼特右旗乌兰牧骑,主要专业为舞蹈。1984年10月,赴京参加国庆35周年庆典彩车游行活动。1987年8月,代表呼铁局参加内蒙古自治区成立40周年大庆文艺演出;1989年7月,代表呼铁局参加铁道部文艺会演,舞蹈《冷与暖》获舞蹈表演优秀奖;1992年5月,代表呼铁局参加铁道部文艺会演,舞蹈《飞奔列车过草原》获优秀节目奖。2020年,被评为呼铁集团公司"精彩铁·2020年度人物"道德模范。

1983年的夏天，我考入苏尼特右旗乌兰牧骑，开始学习舞蹈、声乐表演及乐理知识、二胡演奏等。记得在入队的时候前辈老师们就告诉我：加入乌兰牧骑这个团队就必须要去刻苦练功、努力学习，必须要基本功扎实，必须要有团队精神，必须要做"一专多能"的队员。

初学舞蹈的我弹跳高度和爆发力都不好，其达拉图老师要求我每天自己早早起来去练习马步蹲和跳绳。刚开始练习时，浑身肌肉酸痛，腿痛得发抖，感觉实在难以坚持。有一天很早，一个人都没起，我就偷懒，放松自己没有按标准的姿势去做，突然听到有人敲玻璃，回头看到其达拉图老师在那里看着我。原来老师每天都在悄悄地监督我们练功，从那时起我才意识到，要做到基本功扎实是多么的不容易。

乌兰牧骑艰苦奋斗、吃苦耐劳、"一专多能"和团结协作的团队精神，让我在生活和工作中受益良多。从那以后，我无论在哪里都坚持这种精神和原则去工作、去生活，这种精神和原则一直激励着我。

现在我已经从一名乌兰牧骑队员转变成企业管理者，在工作中多次受到集团公司的嘉奖。今天这些成绩的取得让我心怀感恩，感恩我与乌兰牧骑的相遇，感恩我的前辈和老师们的辛勤耕耘，感恩那时一起相伴的队友同事……让我们一起继续传承乌兰牧骑精神，不忘初心，永恒传承！

▲ 1974年，在脑干诺如苏木打草场上慰问演出

学习木偶剧的经历

其木格

　　出生于1962年2月,蒙古族。1976年7月考入苏尼特右旗乌兰牧骑,专业为舞蹈,多能为表演木偶剧、小品。1981年由队里统一安排,到上海木偶剧团学习木偶表演。1982年调入旗电影院工作直至退休。

▲ 排练木偶剧《不讲卫生的猪八戒》

我于1976年7月加入苏尼特右旗乌兰牧骑,当时队长是赛音巴雅尔,副队长是巴图朝鲁,指导员是尼玛敖斯尔,整个队伍由二十几人组成,是一支"一专多能"、精练且年轻的队伍。参加工作后我专攻舞蹈,兼学声乐及演奏配乐等工作。

我们乌兰牧骑当时肩负着"演出、宣传、辅导、服务"四项职责。在牧区演出的过程中,大家发现由于牧民居住分散,所以牧区没有幼儿园,牧区的孩子无法接受学前教育。于是我们乌兰牧骑提出,不仅要服务牧民,给牧民演出,还要服务牧民的孩子,给牧区的儿童演出。

经旗委、政府与上海有关部门联系,由巴图朝鲁队长带领我与另外两名队员赴上海学习木偶剧。在上海学习期间,我们还在各区文化馆、幼儿园进行了实习演出,受到上海各界,尤其是小朋友的热烈欢迎和一致好评。记得有一次,我们演出蒙古族传统话剧,在剧中扮演阿爸的演员由于化装时匆忙,把假胡子带反了,可演员自己全然不知,而我是他表演搭档,发现后在舞台上忍不住笑了场,由于演出受到影响,我还受到领队严肃批评。但通过这"无意"的小差错,却加深了上海人民对我们蒙古族的了解,尤其是对我们草原上乌兰牧骑这支队伍的了解,增进了我们之间的感情。

 # 草原上的木偶剧 流动的幼儿园

萨如拉

  1961年12月出生于苏尼特右旗赛汉塔拉镇,蒙古族,本科学历。1981年3月在苏尼特乌兰牧骑参加工作,担任舞蹈演员。1981年由队里统一安排,到上海木偶剧团学习木偶表演。1983年7月至1984年9月在苏尼特右旗蒙古族中学担任教师,1988年7月至2016年12月在锡林郭勒盟电视台担任编辑、记者、主持人,2016年退休。

扫码欣赏
木偶剧《消防安全知识》

1982年3月10日，由队长巴图朝鲁带队，我和其达拉图、其木格等人一同前往上海木偶剧团学习木偶剧。

　　苏尼特右旗乌兰牧骑在全区首次成立蒙古语木偶剧组，所以，我们这次的学习非常有意义。在学习期间，我们三个队员认真、刻苦，虚心向上海的木偶剧老师学习木偶表演的技巧及童声配音的技巧，从而提升蒙古语木偶剧的表演水平。

　　我们一共学习了5个剧本。我和队长巴图朝鲁负责把汉语剧本翻译成蒙古语剧本，然后由我和其他两位队员用蒙古语童声配音及表演，并由我担任节目主持人。

　　木偶剧主要是针对孩子们，内容丰富，健康向上。通过木偶剧的表演形式更好地培养孩子们良好的道德素养，树立孩子们正确的人生观和价值观，因此，又被称为"草原上流动的幼儿园"。

　　学成之后，在上海木偶剧团领导及老师的带领下，我们在上海各个幼儿园实习演出，之后又赴杭州少年宫及各个幼儿园演出，受到孩子们的

表演木偶剧《小黑猫》

热烈欢迎。

1982年8月初我们返回家乡，在旗里进行了汇报演出，受到了群众的好评，并得到了旗委、政府的嘉奖。在1982年举办的锡林郭勒盟"那达慕"大会上，我们表演的蒙古语木偶剧得到大家的一致好评。"那达慕"结束后，我们剧组赴西乌珠穆沁旗，与当地的乌兰牧骑同台演出，交流经验，受益颇多。接着又与锡林郭勒盟歌舞团赴阿巴嘎旗进行扶贫演出，广受好评，同时也加强了各旗乌兰牧骑之间的艺术交流和友好往来。

1982年8月底，我们参加了内蒙古自治区大型文艺调演，在呼和浩特乌兰恰特剧场演出了木偶剧，受到自治区领导和首府观众的好评，自治区相关部门还给我们颁发了荣誉证书。后来我离开了乌兰牧骑，从事了记者工作，在多次采访中，许多我们苏尼特右旗走出去的成功人士，都对我说起了他们小时候看过我们乌兰牧骑演出的木偶剧，仍然记忆犹新。每当这个时候，一股自豪感就在内心深处油然而生。

额吉的眼泪

乌力吉图

出生于1961年1月,蒙古族。1976年5月考入乌兰牧骑担任舞蹈演员,国家二级演员。1987年加入中国共产党。1988年任乌兰牧骑副队长,1990年任乌兰牧骑队长,1995年任乌兰牧骑党支部书记、编导。

1987年在内蒙古自治区乌兰牧骑会演中,舞蹈《幸福的晚年》获创作奖,好来宝《银白色的骆驼》获优秀创作奖,并选入中国第一届艺术节获二等奖。

有一件往事，发生在20世纪80年代。当时我们乌兰牧骑正在苏尼特右旗最偏远的沙漠地区——赛汉塔拉镇乌力吉苏木都日木嘎查下乡演出。在嘎查演出结束后，有一位残疾孤寡老额吉听说乌兰牧骑来嘎查演出，特别想看乌兰牧骑演出，可是老额吉因年岁大而且是残疾，在大沙漠里是来不了的，特别着急。队长胡木吉勒图听说后，立即带领我们几名队员徒步到老额吉家里演出。

看到演出的老额吉激动得热泪盈眶，连声说："谢谢孩子们！"演出结束后，老额吉起身要给我们熬茶做饭，非让我们吃了饭再走，我们看着老额吉那顶破旧的毡包和那干得不能再干的奶食，还有那从小柜子里翻出来的小半盒方糖，都不忍心在这里吃饭，但是老额吉执意让我们吃了再走，为了不让老额吉伤心，我们留了下来。当我们告别她走了很远，回头时发现她依旧在蒙古包外挥动着那白色的头巾。

每当回想起这段往事，都会让我们深深地感受到农牧民对我们乌兰牧骑的那份感情和那份热爱，这份情感一直激励着我们一代代乌兰牧骑队员们继续为农牧民群众全心全意服务。时代在进步，农牧民的精神文化生活需求也不断在提高，但是我们乌兰牧骑永远不会过时，因为我们和农牧民的心是连在一起的，在任何时候我们都与农牧民心贴心，能为农牧民服务好。

我的父亲巴图德力格尔

巴图德力格尔（1965—2010年）

　　出生于苏尼特右旗原脑干诺如苏木脑干锡力嘎查，蒙古族。1983年考入苏尼特右旗乌兰牧骑。主要专业为舞蹈，同时擅长表演小品、相声、好来宝等。在苏尼特右旗乌兰牧骑工作27年，曾在区内多地演出，并多次参加内蒙古电视台春节晚会。他创作表演的小品《商店里的相遇》、舞蹈《神树》《蒙古沙特乐》《晚年的幸福》等作品多次获奖。

我的父亲巴图德力格尔曾是中国第一支乌兰牧骑的一名舞蹈演员，他很帅气。我父母都是乌兰牧骑的演员，他们经常下乡演出或去外省区巡回演出，一走就是一个月，甚至有时三个月都不回来，所以从我出生后，父母常常把我送到爷爷奶奶家里。

我们家族里从事艺术工作的人很多。我7岁时，我们一家3口与伯父——被人们亲切地誉为"大鼻子安佳"的小品演员安佳演小品，还一起参加过内蒙古电视台春节晚会。现在回想起来，爸爸、伯父以及乌兰牧骑的演员们都是那么可亲可敬。

他们在下乡演出的过程中，还收集农牧民身边发生的好人好事和新奇故事，连夜编创，第二天就给农牧民们演出。一次在慰问打草的牧民时，我爸爸就把刚听到的身边牧民的故事写进了小品里，为打草的牧民演出。牧民们听了个个眉开眼笑，高兴得合不拢嘴。有的说："乌兰牧骑真行，咱们也上戏了。"有的说："这更得加劲干了！"小品一演完，台下就会响起热烈的掌声。

我父亲在乌兰牧骑辛勤工作27年，2010年不幸因病去世。在这个世界上，我的一声"爸"再也没有人回应了。我深知他热爱乌兰牧骑事业，热爱他的农牧民观众，亲爱的爸爸，请您在天堂像雄鹰一样翱翔吧！

（艾艺思）

为事业牺牲自我

斯日古楞

　　1965年5月出生于锡林郭勒盟阿巴嘎旗,蒙古族。1984年调入苏尼特右旗乌兰牧骑工作,专业为舞蹈,多能为编导。先后创作编排20多部舞蹈和曲艺类作品,1987年创作的好来宝《银白色的骆驼》参加庆祝内蒙古自治区乌兰牧骑成立30周年文艺会演荣获创作奖,舞蹈《福悦的花甲》荣获创作奖、服装设计奖、优秀集体表演奖。

1984年，因为工作需要我从苏尼特左旗乌兰牧骑调到苏尼特右旗乌兰牧骑工作。这段时期正好是两代队员的新老接替时期，一些刚入队的队员们年纪还小，舞台经验、创作经验还都不足。

有一天，刚练完功，老指导员伊兰老师和老队长巴图朝鲁老师找到我说："斯日古楞，1985年全盟乌兰牧骑会演在锡林浩特举行，你是艺校舞蹈专业毕业的，咱们能不能自己创作舞蹈作品参加全盟会演？"当时我只有19岁，跳舞还行，可自己创作舞蹈对我来说是个新的挑战，没经验，真是想都不敢想的事。但是领导们却一直鼓励我说，咱乌兰牧骑队员们都是"一专多能"，你要勇敢地去试一下。

可是一个月过去了，我一个动作也编不出来，急得直哭。两位老领导不但没批评我，还耐心地开导我，帮我出主意、选题材，舞蹈《春雪》的雏形渐渐地形成了，巴队长主动帮我谱写了舞蹈曲子。通过全体队员的共同努力，我们的舞蹈《春雪》获得全盟乌兰牧骑会演舞蹈编导二等奖，我也荣获最年轻的舞蹈编导称号。

紧接着我们又接到新的任务，由于我们的出色表现，盟里又决定苏尼特右旗乌兰牧骑代表锡林郭勒盟参加内蒙古自治区文艺会演。

恰巧当时我正怀着孕，如果我因为怀孕不参加这次会演将影响我们全队争得荣誉，而且这将是我第一次站到自治区的舞台上去展示，我也不想放弃这么好的一个机会。那段时间我的世界仿佛瞬间陷入了混乱，让我陷入了极度的纠结之中。每时每刻我都在内心的挣扎中度过。一边是对新生命的责任，一边是对事业的追求，两者之间的权衡让我痛苦不堪。

数个夜晚，我躺在床上辗转反侧，无法入眠。脑海中不断浮现出各种选择和可能出现的后果。我们乌兰牧骑队员都把乌兰牧骑的荣誉放在至高无上的位置，其他任何事情一旦与工作相冲突，都必须无条件给乌兰牧骑工作让路。我们的前辈荷花、伊兰老师她们都是这么过来的，其他乌兰牧骑的队员也都是为了不影响下乡给农牧民们演出,为了不让自己拖大家的后腿,为了完成党给予我们乌兰牧骑的光荣使命,毫不犹豫地舍弃过个人的事情,全身心投入工作中去。怎么轮到了自己,我就下不了这个决心了呢?

经过漫长而艰难的思想斗争,我终于作出了一个痛苦的决定——做掉孩子。这并不是一个轻易的选择,我感到心痛和愧疚,但我也清楚地知道,在当前的情况下,这是对自己和未出生的孩子最负责任的选择。

我努力让自己从这个经历中汲取力量,一门心思地投入到新的编创当中去了。我们一鼓作气创作了舞蹈《福悦的花甲》、好来宝《银白色的骆驼》等作品。排练《银白色的骆驼》时觉得还不够精彩,当时的老队长胡木吉勒图找到我说能不能加入一些舞蹈的元素,使好来宝的形式得以提升,变得更加有活力和动感。因为是一种新的尝试,我的经验又不足,老领导每天都陪着我们编动作,编了不行就改,改了不行又编。那时的条件差,排练室还得点炉子,为了让我们全身心投入创排,领导们亲自点炉子为我们服务。我们最终不负众望,创作出好来宝加舞蹈形式的作品,在全区会演中这部作品以独特的呈现形式引起了各位专家和观众们的好评,获得了特等奖。

▲ 舞蹈《福悦的花甲》

我到如今仍然不后悔当时的选择,因为我践行了乌兰牧骑全心全意为农牧民服务的光荣使命,我通过努力创作得到了和我们亲如一家的农牧民们的认可。

参加国庆的经历

乌兰图雅

1968年9月出生于苏尼特右旗原布图木吉苏木巴音策勒嘎查，蒙古族。1983年考入苏尼特右旗乌兰牧骑。擅长声乐、舞蹈、木偶剧表演等。国家三级演员、副研究馆员。在从事乌兰牧骑工作的24年中，曾在全国各省市巡回演出。

1998年出版个人专辑《布图木吉山》，并录制个人歌曲作品《十八岁》《母亲》。曾在内蒙古电视台制作的木偶剧《马头琴传说》中担任配音。1990年被评为内蒙古自治区优秀乌兰牧骑队员荣誉称号。

1983年刚入队时，我才15岁，是从初中直接到乌兰牧骑工作的。当时因为我学习好，班主任老师极力反对我去乌兰牧骑，想让我继续考学，为此还跟乌兰牧骑领导据理力争，但我权衡再三，最终还是选择了喜欢的职业。

　　就这样，我成为一名乌兰牧骑队员，开始在乌兰牧骑这个队伍中学习和工作。一年以后，也就是1984年10月，我们乌兰牧骑接到了去北京参加中华人民共和国成立35周年庆典，制作乌兰牧骑彩车并进行文艺表演的光荣任务。我们在很短的时间里准备了安代舞、长调、马头琴独奏等节目，怀着无比激动的心情到了祖国的首都北京。

　　10月1日，我们站在写着"乌兰牧骑"字样的彩车上，手捧着洁白的哈达和银碗，翩翩起舞，表达草原人民的祝福，与全国各地的各界代表们一起参加盛大的庆典，心里无比感动和自豪。这一往事，在我脑海中留下了难忘的记忆。这一时刻，我才深刻体会到，党和政府给予我们乌兰牧骑崇高荣誉的同时，也赋予了我们沉甸甸的责任和期望，我当时就下定决心，一定倍加珍惜这个荣誉，回去之后要加倍努力工作，想农牧民之所想、急农牧民之所急，真正和农牧民打成一片，起到桥梁和纽带的作用，不辜负党和政府对我们乌兰牧骑的信任和重托！

▲ 在天安门广场

一件往事

娜仁花

　　1967年6月出生于苏尼特右旗原都仁乌力吉苏木,蒙古族。1983年考入苏尼特右旗乌兰牧骑工作,专业为舞蹈,多能为弹三弦,表演曲艺与小品。1984年10月,随苏尼特右旗乌兰牧骑参加国庆35周年庆典彩车游行活动,受到党和国家领导人的接见。1987年参加内蒙古自治区乌兰牧骑会演,参演的舞蹈《幸福的晚年》《神树》《爱的礼物》获优秀集体表演奖。

　　1992年借调到锡林郭勒盟民族歌舞团,参加云南省少数民族第三届艺术节,获得优秀演员荣誉称号,2000年退休。

光阴似箭,岁月如梭,不知不觉间,又是一年夏复来。一路走来,我曾有过成功后的欢笑,也曾有过委屈时的泪水,曾有过得意时的意气风发,也曾有过失意时的彷徨落魄。往事已去,如烟如雾。然而,有一件事却始终让我难以忘怀,记忆清晰,犹如昨日。

那是1989年的夏天,我如往常一般在锡林浩特参加全盟那达慕大会文艺会演。为了不影响我的工作,也不想让一岁的儿子缺少母亲的陪伴,于是我会演时把儿子带在了身边,有我的演出时就把孩子托付给后台工作人员。那天我们正在室外临时搭建的舞台上进行演出时,天气突变,突然下起滂沱大雨,所有音响设备的电路都被烧坏,台上台下乱作一团。我急忙挤进慌乱的人群去寻找我的孩子。可是所有人都在奔跑着避雨,我始终没有发现那位工作人员和我的儿子。瓢泼大雨倾盆而下,不一会儿雨水就快要没过我的膝盖了。我在雨中焦急地跋涉,回到驻地还是没见到我的孩子。我急得如热锅上的蚂蚁团团转,同事们听说后也都冒着大雨去帮忙寻找我的儿子。

找了一个小时仍然没有找到,我的心里越来越急躁,脑子里忍不住胡思乱想起来,感到十分后悔。茫然四顾之时,看到一名警察同志走来了,怀中还抱着一个孩子,仔细一看那不就是我的儿子吗!

我悲喜交加,一把抱过儿子,眼泪止不住地流了下来。警察同志安慰我说:"你们乌兰牧骑真是伟大,带着这么小的孩子也要坚持为农牧民演出。你放心,有我们在,乌兰牧骑的孩子不会出现任何问题!"

我的心情跌宕起伏,从大悲到大喜。这件事儿虽然过去了很多年,我却一直忘不了。不仅仅是对孩子的愧疚,更多的是大家对我们乌兰牧骑的那份真挚感情一直感动着我,难以忘怀。时间给予我们太多梦的点滴和一首首零碎的诗,正是这些零碎的拼块构成了我在乌兰牧骑完美的人生拼图。

 蹭 饭

杨晓峰

1969年7月出生于锡林郭勒盟太仆寺旗,汉族,国家一级演员。1986年9月至1987年11月在苏尼特右旗乌兰牧骑工作,主要专业为舞蹈。1987年11月至1993年6月在太仆寺旗乌兰牧骑工作。1993年6月至2001年3月在锡林郭勒盟民族歌舞团工作。2001年3月至2007年2月,任锡林郭勒盟民族歌舞团副团长。2007年2月至2021年8月,任锡林郭勒盟群众艺术馆馆长。2021年8月至今,任锡林郭勒盟乌兰牧骑党支部副书记、副队长。

2006年被内蒙古自治区文化科技卫生"三下乡"活动领导小组授予全区"三下乡"先进个人。2007—2017年连续10年被评为文化系统优秀工作者。

说起在苏尼特右旗乌兰牧骑工作一年的经历，总感觉会有一股浓浓的饭香味扑鼻而来，这缘于那时的"蹭饭"趣事，这已深深印在我的脑海里，成为挥之不去的"烙印"。

1986年，我18岁，一个刚从内蒙古艺校毕业的毛头小伙子，走进了苏尼特右旗乌兰牧骑，成为一名乌兰牧骑队员。平时练功、演出虽然很累，当时条件也不是很好，但我们充实又快乐。对我来说，最大的难事就是吃饭。虽然有食堂，可5年的艺校生活，我早已吃腻了集体食堂的单调饭食。加上不会盘算，工资每个月都不够花，往往都是前半月花钱大手大脚，后半月没钱捉襟见肘，连饭票都接不上。

那时候正年轻，加上天天高强度练功、训练，每天就是感觉饿。队里老队员对我特别照顾，每遇这种情况，都会轮流带我回家吃饭。副队长达林太家的羊肉汤面片、贾凤英家的肉饼、王红岩家的手把肉，还有许多老队员家的"美味佳肴"虽已记忆模糊，但当年我吃起来都是那么有滋有味，让我至今仍然回味无穷。

别小瞧蹭饭，那必须得相当有"技术含量"。每天得琢磨好，今天该去

谁家,明天该去谁家;这个星期去谁家,下星期又去谁家,这一切得早早计划好。那时吃食堂的不止我一个,因为我岁数小,嘴巴甜,老队员们对我也很偏爱。他们总会在快下班时,到排练厅佯装和大伙聊天,然后一个手势,一个眼神儿,我便心领神会,先一步走出排练厅,再尾随其后。有时为了"避嫌",我会和宿友们一起到食堂,再以忘带饭票为借口,转身"迂回"到老队员家去蹭饭,这叫打好"时间差"。下班后,我佯装去买东西走出乌兰牧骑大院,便"巧遇"下班回家的老队员,蹭饭的事就"顺理成章"了。有时老队员也会以叫我回家帮忙为理由,"名正言顺"带我回家吃饭。就这样,近一年的时间,我"蹭"遍了老队员们家的饭,也感受到乌兰牧骑队员们之间亲如一家人的温暖。

工作一年后,我离开终生难忘的苏尼特右旗乌兰牧骑,告别了我的队友,调回太仆寺旗乌兰牧骑工作。

岁月匆匆,时光飞逝,每每路过苏尼特右旗,透过袅袅炊烟,回忆起浓浓的饭香味和那一张张胜似亲人的笑脸,久违的暖流就会在我心中涌动,让我两眼湿润……

明哲 / 摄影

在乌兰牧骑的趣事

乌云塔娜

出生于1965年9月,蒙古族,1983年考入苏尼特右旗乌兰牧骑,从事声乐和好毕斯演奏。主要专业为声乐,擅长好毕斯演奏、木偶戏表演。在乌兰牧骑期间多次获盟、旗级奖项。

1992年调入苏尼特右旗文化馆工作,负责群众文艺辅导、文艺创编工作,先后辅导群众演唱的歌曲有100多首,赢得了广泛好评。曾多次参加非物质文化遗产收集整理工作,2012年被评为优秀馆员。

🎬 机缘巧合被乌兰牧骑录取

1983年夏的一天,我和表姐来赛汉塔拉镇,返回时路过苏尼特右旗乌兰牧骑院门口,我跟表姐说:"这就是乌兰牧骑唱歌跳舞的地方,真好!"站了一会儿,我问表姐:"咱们进去看看?"表姐说:"你想进去看就进去吧!"于是我俩走进了乌兰牧骑的院子,听到西边的屋子里有说有笑好不热闹,我蹑手蹑脚走向前,正要从门缝往里看,这时里面有人走出来,我赶紧转身要走,这时候就听那个人热情地喊我们:"这两位姑娘干吗呢?快进来,进来!"于是我俩跟着就走进屋里。那个人问:"你们俩会唱歌跳舞吗?"我马上回答:"我会唱歌!"那人说:"那就唱一段你最拿手的歌吧!"我唱了一段著名歌唱家木兰老师唱的民歌《东山哥哥》,在场的几个老师都被我逗笑了。其中一位老师笑着说:"啊呀!你是东北人吗?把木兰说话的调子都学得这么像,用你的家乡话再唱一段家乡歌吧!"

"山上的萨日朗花离不开红太阳

草原上的贫下中农离不开毛主席……"

我又唱了一段著名歌唱家金花老师唱的歌曲。那几个老师听了以后互相点头说:"音色还可以。"他们还问我家庭住址和父母的名字,其中一个老师还打几个节拍让我试了一下。后来我在乌兰牧骑工作以后才知道,这几个老师是乌兰牧骑的巴图朝鲁、伊兰、胡木吉勒图、斯琴高娃、其达拉图。

那天下午回到家,也没有把这件事情跟父母讲,这样过了两个月,有一天,一辆大汽车来到我家门口,下来3个人。他们走进家里时,我认出其中一个年轻人就是在乌兰牧骑见过的,那位老师坐了一会儿说:"你就是乌云塔娜吧?你被乌兰牧骑录取了,我是来接你的,马上收拾东西跟我走,你已经跟父母讲过了吧?"这件事太出乎我的意料,我说:"我现在走不了,父母看病去了,我跟弟弟妹妹们看家呢。"那位老师考虑了片刻说:"那就

▲ 1983年时排练歌曲《东山哥哥》

过几天我再来吧,到时候你可不能说走不了哦。"两个星期以后,那位老师真的又来了,他一进门就笑着说:"现在你可不能说走不了哦,赶紧收拾东西,咱们现在就走。"就是在这样的机缘巧合下,让我成为一名乌兰牧骑队员。

拍照

有一次,我们乌兰牧骑去边防部队慰问演出,回来的路上下着大雨,车在泥泞的路上艰难地前行,半夜才回到家。

第二天早上,巴音朝鲁队长召集大家说:"昨天回来得太晚了,今天休息吧。队里购置了新练功服,现在发给大家。你们记得把各自湿的演出服晒干了收起来再休息。"巴队长走后,我们试穿了新发的练功服,我问伙伴们说:"咱们要不要穿上新衣服拍个照?"她们都高兴地答应了。于是我们6个人穿上新练功服,去牧民招待所院里的照相馆拍了个合影。

第二天练功的时候,巴图朝鲁队长走进来,严肃地说:"练完功女队员们不要走,在这里等着!"练完功,我们6个女生留下了。这时候巴图朝鲁队长、伊兰老师和胡木吉勒图老师进来,巴队长问:"昨天让你们休息了一天,你们干什么了?"我们谁都没有吱声,巴队长接着说:"你们不说,我来说吧,昨天谁拍照了?你们知道外面怎么说的吗?你们难道忘了自己是乌兰牧骑的队员了吗?你们这是破坏我们乌兰牧骑的形象啊!"胡老师说:"你们要是这么自由散漫,都回家去吧!"伊老师有点护着我们,马上说:"你们听懂了吧?以后有事出去的话,一定要请假。"伊老师面向另外两位老师说:"好了,好了!女孩子家嘛,看见漂亮的衣服想拍个照而已,现在让她们吃饭去吧!"伊老师出去的时候嘴里嘟哝着:"又不是出了什么大事。"巴队长和胡老师说:"你们每个人写一份检讨书,交给我们!"第二天我们写好检讨书送去的时候,巴队长的气好像还没消。

直到很久以后,我才真正明白这么一件小事,为什么巴队长他们会那么生气。我们私自去照相,很可能会被人误会,以为我们贪图享乐。我们作为乌兰牧骑队员,代表着乌兰牧骑的形象,党和政府给予了我们很高的荣誉,广大的农牧民也都在拿我们做榜样,我们的一言一行都必须遵守乌兰牧骑的纪律,接受农牧民们的监督,这样我们才能呵护好"乌兰牧骑"这个神圣的名字。

▲ 穿上新队服的喜悦

轻骑兵的一员
——我的父亲宝日巴特尔

宝日巴特尔（1969—2009年）

　　出生于苏尼特右旗桑宝力嘎苏木额尔登塔拉嘎查，蒙古族。从1985年开始在锡林郭勒盟苏尼特右旗乌兰牧骑跟随敖那拉图学习马头琴。1986年考入二连浩特艺术团，1992年参军入伍，在内蒙古武警总队文工团服兵役4年。在此期间，应邀参加全国武警文艺会演获得三等奖。1995年12月服役期满，后在苏尼特右旗乌兰牧骑正式参加工作。工作期间，多次参加各级专业比赛，曾获得1996年全国"色拉西杯"马头琴比赛青年专业组三等奖。

我叫马日勒，我的父亲宝日巴特尔曾经是中国第一支乌兰牧骑——苏尼特右旗乌兰牧骑的一名队员。从苏尼特右旗旗所在地赛汉塔拉镇通往锡林郭勒盟的公路穿过我父亲的老家，我的父亲已永远融入那片土地。每次路过那里，感觉那里的山丘、沙漠就像我慈祥的父亲，是那么的亲切。

我父亲生在普通牧民家庭，他从小喜爱文艺，家乡的父老乡亲每当提起我父亲，总会感叹道："我们的宝日从7岁就喜欢拉琴，一般的歌曲都会拉。"父亲虽然没有系统地学过马头琴，但是后来为了从理论、技巧上系统地掌握马头琴，他去了中央民族大学艺术系深造学习，后又赴二连浩特、乌兰察布市、西乌珠穆沁旗等地向敖那拉图、青格乐、热西格瓦、扎登巴等著名马头琴艺术家学习马头琴演奏技法。

1992年，父亲从众多优秀青年中脱颖而出，被内蒙古武警总队文工团录取，与白音查干、萨仁格日勒等艺术家一起站在绿色军营的舞台上，歌颂伟大的党和祖国，歌颂人民。

父亲于1995年退役后在苏尼特右旗乌兰牧骑工作，当了一名马头琴专业演员。他深爱乌兰牧骑，深爱艺术事业，直到他离开我和妈妈，离开这个世界，他还拉着心爱的马头琴，演奏着那绵绵悠长的旋律《塔牧沁之韵》。

父亲虽然历经坎坷，但始终没有忘记一名乌兰牧骑队员的神圣职责，曾多次参加各种马头琴比赛，荣获嘉奖。

父亲是重情之人，只要找他学习马头琴的人，他都认真对待，将自己全部的知识和技能毫不保留地传授给学生们。跟他学过琴的人们经常说，宝日哥的教学易懂好学。父亲更是一个多才多艺的人，他的朋友们每每见到我就会讲起父亲在"那达慕"上摔跤夺冠的趣事。我记得父亲参加亲戚朋友的宴会时经常唱起长调民歌，人们载歌载舞，沉浸在欢乐之中。父亲在他短短的40年生涯中，作为乌兰牧骑一员，作出了应有的贡献。

我父亲早早在我心里播下了艺术的种子，我也将永远热爱和传承他的艺术事业,如今,我也已考入了内蒙古大学艺术学院,学习马头琴演奏和声乐。

我想,父亲在九泉之下也能安息了,我将继承乌兰牧骑优良传统,秉承他坚强的意志、火热的激情,学好马头琴、唱好歌,努力成为一名光荣的乌兰牧骑队员。

(马日勒)

▲ 2003年在朱日和训练基地慰问演出

在乌兰牧骑的回忆

郝建慧

　　出生于1976年10月,汉族。1991—2001年在苏尼特右旗乌兰牧骑工作。参加下乡演出以及自治区、盟、旗组织的各项演出上千场。1992年参加了无锡美丽大都酒店举办的"内蒙古文化食品月"活动。1994年在杭州参加了中华民族风情艺术节活动,1996年参加了全盟乌兰牧骑会演,1997年参加了全区乌兰牧骑会演。

今天接到队里通知，有关部门要对我在乌兰牧骑工作时期的经历有一个采访。于是我翻开尘封已久的旧相册，一张黝黑的脸庞映入眼帘，那时的我正值青春年华，圆圆的脸蛋上洋溢着灿烂的笑容。

每年的七八月份正是我们演出任务多的时候，下牧区，走基层，慰问边防官兵，在那里天就是幕布，地就是舞台。夏日炎炎，烈日当空，我们为农牧民奉上了一场又一场精彩的演出。那时没有防晒霜，更没有面膜，队员们一个个晒得跟"黑脸包公"似的，每当我们对视时，都会哈哈大笑。脑海中同时浮现的，还有"解放"牌"大篷车"，露脚趾的练功鞋，反复练习的舞蹈动作和老师们耐心辅导的身影，更少不了我们浓浓的队友情……

那个时候，草原上没有电，我们就发明了一种"土电灯"，就是从供销社买来一大碗大颗粒的咸盐，用棉花把它包起来，然后用细铁丝紧紧地扎成一个圆球球，活像一个"地雷"，再给它安上一个钩子，然后把它泡在一盆柴油里。到了晚上开演的时候，把这个"地雷"捞出来，挂在舞台前方一根横拉出的铁丝上，把它点着，瞬间火苗伴随着一股烟扑面而来，呛得人直咳嗽。再看草原上的各种蚊虫，看到亮光，从四面八方爬的爬，飞的飞，全冲亮光来了，你正张嘴唱着歌呢，它飞进你嘴里，只好把它吐出去，接着再唱，大个头的天牛啪的一声撞到你的鼻子上，真疼人。演出结束了，每个演员头发上、衣服上，全是小虫虫，大伙也让烟熏得个个成了大花脸，像熊猫一样，大家相互对视，捧腹大笑。

在乌兰牧骑的日子里，虽然条件艰苦，但我们都很快乐，每天沉浸在一种积极乐观的氛围中学习、练功，为农牧民演出。在不知不觉中悄然逝去，弹指一挥间，回想起那10年的时光依然历历在目，仿佛它就发生在昨天！这段难忘而宝贵的工作经历是我人生中最美好的回忆。致我那10年宝贵而有意义的青春，致"玛奈（我们的）乌兰牧骑"！

▲ 演出途中

难忘的演出

牡　丹

　　1976年12月出生于苏尼特右旗。1991年9月参加工作，蒙古族。任苏尼特右旗乌兰牧骑演员，大专学历。曾多次随队赴上海、广东、福建、杭州、重庆、长沙、南京等地区参加展演和文化交流演出活动。2007年参加第四届全区乌兰牧骑艺术节表演歌舞《欣欣向荣的苏尼特》，参演的群舞《马背勇士》获得表演银奖。2015年3月退休。

▲ 双人舞《草原夜色美》，2002年

2002年初，苏尼特右旗乌兰牧骑决定参加夏季举办的纪念毛泽东《在延安文艺座谈会上的讲话》发表60周年暨乌兰牧骑成立45周年全盟会演。我进入乌兰牧骑已经整整10个年头了，是队里的主力舞蹈演员。没过几天，队长通知我排练双人舞《草原夜色美》作为会演节目。我知道这个舞蹈是自治区著名舞蹈家扎纳老师编导的，表演难度大，动作要求高，而且又是双人舞，和舞伴必须配合默契。能否演好节目我没有把握，心中十分忐忑不安。

节目排练前，扎纳老师亲临现场指导，给我们讲解舞蹈所包含的情感表达、表演技巧及动作要点等。在节目排练中扎纳老师不厌其烦地对每个舞蹈动作进行反复示范，不断纠正我们表演不到位的地方。对舞蹈中一些高难度动作，由于平时训练少，一时很难达到要求。对此，扎老师鼓励我们强化训练，多用功，勤练习。我和舞伴深受鼓舞，满怀信心地投入紧张的排练中。

几天后，我的双腿肿痛，但我依然咬牙排练。一次练习中腰部肌腱拉伤，医生建议停止排练养伤，可我心急如焚，不肯休息，仍然忍痛坚持。

每当我因为动作不规范、跟不上音乐节奏受到老师批评时，常常会流下伤心的眼泪。

功夫不负有心人，经过两个多月的刻苦排练，双人舞《草原夜色美》和我参演的群舞《跃马雄风》终于通过了队里的演出审核。领导和老师非常满意地对我说："牡丹，你用很短时间能把节目表演得如此完美，不容易啊！"

2002年6月初参加会演，我参演的舞蹈非常成功，双人舞《草原夜色美》和群舞《跃马雄风》都获得了一等奖。我们还把这两支舞蹈演给农牧民看，也受到了热烈欢迎。

我终生难忘这次参加会演的经历，它让我认识到，任何队员的艺术道路都不是一帆风顺的，只有刻苦训练，不断提升自身的专业水平，才能成为一名合格的乌兰牧骑队员，排演出的节目才能受到农牧民们的喜爱。

◀双人舞《草原夜色美》，2002年

坚 持

曹 霞

出生于1977年10月,汉族。专业为舞蹈,多能为大提琴演奏、节目主持、展厅讲解。1991年在苏尼特右旗乌兰牧骑工作至今。2007年在内蒙古自治区第四届乌兰牧骑艺术节上,舞蹈《塔牧沁牧歌》获得表演三等奖。2015年在内蒙古自治区蒙古舞大赛中,舞蹈《祈》获得表演铜奖。

2017年赴非洲参加布隆迪共和国友好文化交流演出。2018年元旦,在中央民族歌舞团参加全国少数民族新年音乐会专场演出和中央电视台乌兰牧骑专题节目的录制。

我于1991年12月考入苏尼特右旗乌兰牧骑,成为一名舞蹈演员。队里要求队员必须"一专多能",于是我开始满怀欣喜地和乌力吉图老师学习大提琴。乌老师告诉我,要想学琴首先一定要把心沉稳下来,认认真真地拉好每一个音符。拉弓是非常重要的基本功,还有左手对把位准确度一定要掌握好。我信心十足地开始练习大提琴,每天早晨都在排练厅先练完舞蹈基本功之后就跑到琴房开始练习拉弓,每天都坚持4个小时的练琴时间。

记得刚开始学习的时候,手上都磨出了水泡,手指头疼得几乎不能碰琴弦。我很着急,感觉特别沮丧、无助,一个人蹲在排练厅的角落,我想,是不是我不适合学习大提琴呀。后来乌老师发现了我,问我:"怎么啦孩子?"我伸出右手让老师看。老师看着我的右手除了大拇指拿着弓子,剩下4个手指头都被磨破起了水泡,乌老师心疼地抚摸着我的手说:"孩子,一定很疼吧?"当时我听到老师关心的话语后忍不住流下了眼泪。乌老师对我说:"孩子,你是好样的,你很努力也很坚强!"说着乌老师便伸出他的右手给我看。呀!他的手指头没有一个是平滑的,凹凸不平,不知磨破了多少次才结下了这又厚又硬的茧子。我擦了擦眼泪抬起头望着乌老师问道:"老师,你的手还疼吗?"乌老师笑着对我说:"不疼了,早就不疼了。只有下得了功夫才能练出真本事嘛,不要遇到一点困难就打退堂鼓,只有付出更多的努力,才能弹奏出更美妙的乐曲。"

乌老师的一番话,顿时让我感受到了乌兰牧骑老前辈们的艰辛和不易,懂得了"台上一分钟,台下十年功"的真正含义。

讲好乌兰牧骑的故事

翩跹起舞

 **乌兰牧骑的记忆**

郭银梅

1978年8月出生于苏尼特右旗，汉族。1991年9月在苏尼特右旗乌兰牧骑工作，主要专业为舞蹈，1997年10月调离。

在苏尼特右旗乌兰牧骑工作期间，参加下乡演出以及自治区、盟、旗组织的演出数百场。1992年赴无锡参加了"内蒙古文化食品月"活动，1994年在杭州参加了中华民族风情艺术节，表演的舞蹈作品多次获得各种奖项。

▲ 捣茶舞

曾经的乌兰牧骑岁月，是让我为之流过无数汗水、不懈为之奋斗的人生历程；曾经的乌兰牧骑岁月，也是让我为之流过无数泪水，寄予无限期望而骄傲的事业历程；曾经的乌兰牧骑岁月，更是令我为之流过鲜血，最终梦想成真的梦想历程。因为得了骨科类疾病做了一次大手术，不适合再继续上台表演，我忍痛选择了离开，离开了我当作自己家一样的乌兰牧骑，离开了我当作自己亲人一样的队员们。

入队经历

1991年被招入苏尼特右旗乌兰牧骑，那时我只是十几岁的孩子。正式入职后才知道，理想与现实相差甚远，每天的系统训练、基本功练习以及专业技巧、民族舞、乐理知识学习都很枯燥乏味，训练和学习的过程异常艰苦。那时的我有着一种从不服输的精神，在专业训练的同时，我不能让自己的文化课落下，自己还利用宝贵的周末参加英语辅导班，总想着要让自己各方面都要有所进步，成为一名优秀的乌兰牧骑队员。现在想想，那是多么美好的人生经历啊！

入队初期，巴特尔老师说我的弹跳力特别好，当时我的"大跳"更是令他这位老师"引以为傲"。也许是青春期的影响，有一段时间随着体重的增加，突然有一天，我的"大跳"怎么也跳不到老师要求的高度，当时老师拿着一根细长的棍子比画着要求的高度，我也非常懊恼，但就是不知道问题出在哪里。跳了无数次，老师最后安慰我："可能是我太急了，技巧类的动作慢慢来。"当时我落泪了。好在功夫不负有心人，经过一段时间的刻苦训练，那个高度对我来说就不是什么难题了。

参赛经历

日常的训练、演出之余，我们舞蹈队也经常会参加自治区和盟里组织的各种比赛。我清晰地记得，一次我们参加全盟比赛的参赛作品是群舞

《门球舞》,巴特尔老师紧锣密鼓地组织我们进行节目编排和排练,在这个舞蹈里,我有一个难度很大的技巧动作,就是绕着整个舞台做一圈跪转动作,这也是这个舞蹈的精髓和高潮,我必须要独立完成。这个动作我曾练了很长的时间,训练时膝盖需要做特殊保护,戴上很厚的护膝,即便如此,每次排练下来,两个膝盖也已经满是深黑色淤青。经过一段时间的刻苦训练,我很轻松地就能完成这个高难度动作了。

在锡林浩特主赛区,我见到很多其他旗县的队员,因为大家已经建立了深厚的情谊,再次相见也都异常高兴。赛前彩排期间,尤其在我表演这个高难动作的时候,听到台下一阵阵热烈的掌声时,年轻的我心里竟然开始有点飘飘然了。到了正式比赛的那天,我上场前却怎么也找不到自己的护膝了!我想,没关系!不戴护膝也可以照样完成自己独有的"专利"动作!就这样我们舞蹈队就上场了。因为没戴护膝,特别不习惯,我转到半圈的时候居然倒下去了,没有做完整套动作。尽管我们也拿到了团体奖,尽管我的队友并未因此责怪我,我还是因此懊恼悔恨了很长时间。

▲ 20世纪90年代在桑宝拉格苏木新宝拉格嘎查"那达慕"上演出

 # "全国行"
——难忘的乌兰牧骑巡演记

巴音德力格

出生于1975年7月,蒙古族,中共党员。1990年应征入伍,曾经在全军文艺会演时荣立集体三等功。1995年退伍分配到苏尼特右旗乌兰牧骑,专业为舞蹈,多能为编导。1997年任乌兰牧骑党支部组织委员,2005年至今担任乌兰牧骑的舞蹈组组长并担任舞蹈编舞。

2001年12月,参加由内蒙古自治区党委宣传部和内蒙古文化厅联合组织的"内蒙古乌兰牧骑全国行"巡演。2007年,在庆祝乌兰牧骑建立50周年暨内蒙古自治区第四届乌兰牧骑艺术节上被评为先进个人,编导、参演的《勇士舞》获表演二等奖。

2001年我和苏尼特右旗乌兰牧骑的舞蹈演员孟克吉日嘎拉、苏日巴特尔、敖登高娃、那仁德力格尔等人被选入内蒙古自治区乌兰牧骑第二次"全国行"巡回演出团队。当时是从全区各盟市的乌兰牧骑中筛选出33名演员组建这支队伍，并编排了一台名为《我从草原来》的民族歌舞综合节目晚会。我们带着这台晚会赴山东、福建、浙江、广东、广西、云南、贵州、湖南等20多个省、自治区进行了巡演。我在这次巡演中参加了舞蹈《鄂尔多斯婚礼》《踏响绿草地》《跃马雄风》等6个节目。此外，我与其他两位演员被选中表演三人舞《牧人浪漫曲》。每到一处我们的演出都很受欢迎，既体现了内蒙古特色，又展示了乌兰牧骑风采。

　　此次全国巡演历经4个月，圆满完成了内蒙古乌兰牧骑史上第二次全国巡演任务。这次巡演给我留下了难忘的人生记忆，能够有幸参加乌兰牧骑"全国行"巡演，对于我们乌兰牧骑队员来说，都是莫大的荣誉！

精彩片刻的记录

特古斯巴特尔

1983年出生于苏尼特右旗桑宝力格苏木，蒙古族，大专学历。中国马头琴协会会员、锡林郭勒盟文学艺术界联合会会员。2006年6月至2016年5月在苏尼特右旗乌兰牧骑工作，2016年至今任苏尼特右旗第三小学音乐教师，学校马头琴艺术团、合唱团指导老师。

2008年8月参加了北京奥运会开幕式演出，2008年11月赴中央民族大学和清华大学进行交流学习演出，2012年2月赴美国加州参加了对外文化交流演出。

2014年参加"首届中国宣威（杨柳）山歌展演"荣获金奖。2016年7月被评为全盟教育艺术节优秀指导老师，2018年获得全盟蒙古语授课小学音乐、体育、美术学科技能展示活动音乐学科一等奖。2019年被评为第三届"一带一路"中蒙俄（茶叶之路）青少年研学活动优秀指导教师。

由88位马头琴手共同演奏的《万马奔腾》响彻鸟巢，为北京奥运会增添一抹绚丽色彩和动人旋律，那精彩的一刻，永远镌刻在我的记忆中。2008年8月8日，我与我的哥哥一起代表中国第一支乌兰牧骑，与内蒙古自治区其他80多名优秀的马头琴手站在全世界瞩目的舞台上。那一光荣时刻距今已时隔十多年了，但我每次想起来，都会心潮澎湃，一种自豪感会油然而生。

2008年春节休假结束后的第一个工作日，我哥哥听到了在呼和浩特即将进行选拔参演北京奥运会开幕式演出马头琴手的消息。他对我说："你要跟哥哥去参加选拔，这个盛会得有我们中国第一支乌兰牧骑马头琴手的一席之地。"对于我来说，这个舞台显得过于"高大"，我对自己并没有信心。但是，一想到我哥哥说的话，这不是我们个人的事情，这关乎我们苏尼特右旗乌兰牧骑的荣誉。而且又是演奏我最擅长的马头琴，想到这里我顿时又有了勇气和信心。3月初我和哥哥踏上去呼和浩特参加选拔的旅程，全区各盟市的马头琴手都聚集在这里，等待选拔活动的开始。

著名马头琴艺术家齐·宝力高带领马头琴协会的艺术家们对前来参选的马头琴选手进行了认真而公平的筛选。4月初筛选结果出炉，我和哥哥双双入选。不久，接到集中训练的通知，我们在一个军营里经历了3个月紧张而艰苦的封闭式训练。

7月初，我们来到北京，开始进行演出前的准备工作和训练。2008年8月8日晚8点整，88名马头琴手齐奏《万马奔腾》的雄壮旋律萦绕在鸟巢上空，拉开了激动人心的北京奥运会开幕式的帷幕。气势磅礴的马头琴声触动着每一位观众的心弦，人们在欢呼，整个会场沸腾起来了。我随着琴弦的颤动和观众的欢呼声而感到热血沸腾，全身心地投入到马头琴演奏中。每当回想起这段激动人心的时刻，我总是热泪盈眶，心情久久难以平复。向世界展示中华民族的优秀传统文化，这个荣耀不属于我自己，属于我们中国第一支乌兰牧骑，属于我们伟大的祖国！

飞花似梦

刘云翔

　　1990年8月出生于苏尼特右旗，蒙古族，本科学历，中共党员。2006—2016年在苏尼特右旗乌兰牧骑工作，专业为舞蹈演员，多能为讲解、主持。

　　2007年7月参加内蒙古自治区第四届乌兰牧骑艺术节，表演舞蹈《勇士舞》荣获表演二等奖，《塔牧沁牧歌》荣获表演三等奖；2008年7月担任全盟"两个文明"现场会讲解员；2010年8月参加第五届内蒙古自治区乌兰牧骑艺术节，表演男女群舞《牧野浪漫》荣获表演二等奖；2012年3月应神州华人联谊会的邀请赴美国加州进行了巡演。2009年荣获全盟"十佳青年志愿者"荣誉称号。

▲ 舞蹈《走出额尔古纳》

在乌兰牧骑工作的10年，正是我青春的10年，乌兰牧骑也成就了更好的我。那年我才17岁，青春岁月里，乌兰牧骑给了我人生的方向，是我成长道路上的"指明灯"。2006年夏天，机缘巧合报考了苏尼特右旗乌兰牧骑，从此开启了我人生的新征程。

2007年，我们参加全区庆祝乌兰牧骑建队50周年大型活动的经历为我带来了不一样的人生体验。那年夏天，每天紧张地排练、加班、彩排、演出，高强度的工作虽然很劳累、很辛苦，但也让我进步飞快，能够感到自己无论是专业上和思想上都成熟了起来，有了质的飞跃。现在回想，那段时光是鲜活有力的，是充满憧憬与希望的。在花季雨季的年纪，遇见志同道合的伙伴，遇见人生导师般的领导，遇见团结一心的团队，真是我人生中的一件幸事。

乌兰牧骑这个平台带给我太多收获，队里对我们每位演员都有"一专多能"的硬性要求，这也给了我展现自己才华的舞台。在做好舞蹈演员的同时，我还担任节目主持人，使我的应变能力和控场能力得到提升。后来队里又让我兼任乌兰牧骑展览厅讲解员的工作，使我更有压力，促使我每天努力学习，汲取知识来充实自己。我发现有时候的压力真的是一种动力，紧张的"压缩式"的日子让我成长很快，变得更加优秀。

2016年年底，因身体原因，无奈之下我选择了告别乌兰牧骑舞台。从相遇到离别，在乌兰牧骑这个大平台丰富了我青春的记忆，拓展了我生命的宽度，更重要的是这10年的乌兰牧骑生活中，树立了我正确的人生观、价值观，乌兰牧骑精神将影响我一生。

青春终将散场，唯独记忆常在。感谢乌兰牧骑，感恩乌兰牧骑。

▲ 2009年给小学生讲解乌兰牧骑的故事

第三章 扎根北疆的一道风景

采访札记

2017年是苏尼特右旗乌兰牧骑特别值得纪念的一年。就在她庆祝自己60岁生日、喜迎党的十九大胜利召开的这一年岁末，全体队员满怀期待地接到了习近平总书记的亲切回信。总书记的回信鼓舞着乌兰牧骑队员，他们决心继续扎根生活沃土，服务牧民群众，推动文艺创新，努力创作更多接地气、传得开、留得下的优秀作品。

时任苏尼特右旗乌兰牧骑队长的孟克吉日嘎拉是亲历者和见证者，在采访中，提起给习近平总书记写信，总书记回信，亲自从总书记手中接过"全国民族团结进步模范集体"牌匾，受邀参加70周年国庆阅兵游行观礼等一系列乌兰牧骑的重大事件时，他仍心情难以平复，几度哽咽。接受采访时，孟克没有直接讲这一系列的重大事件，而是先讲了自己在乌兰牧骑

的成长历程。他一直和我们强调,自己就是一个普通得不能再普通的牧民家的孩子,自己能够和习近平总书记握手,受邀参加国庆观礼,这一切都是乌兰牧骑培养的结果,是党和政府培养的结果,自己唯一能做的,就是不论在任何岗位上,都要弘扬乌兰牧骑优良传统,牢记总书记的教诲,永远感党恩、听党话、跟党走。

2018年年初,苏尼特右旗乌兰牧骑队员哈斯塔娜担任全国政协委员,这是乌兰牧骑的第一个全国政协委员。无独有偶,哈斯塔娜更是先强调了自己这个"草原的女儿"从小到大的成长一直都深受"乌兰牧骑"这支队伍的影响。担任全国政协委员的五年间,她不忘初心,认真履职,不断提高自身的能力和素质,积极反映基层民意,为乌兰牧骑谋发展,为农牧民群众谋福祉。

2019年对苏尼特右旗乌兰牧骑来说,又是一个收获的年份。3月,苏尼特右旗乌兰牧骑被中华全国妇女联合会授予"全国巾帼建功先进集体"荣誉称号,被内蒙古自治区妇女联合会授予"全区三八红旗集体"荣誉称号。7月,苏尼特右旗乌兰牧骑被内蒙古自治区党委组织部授予"草原英

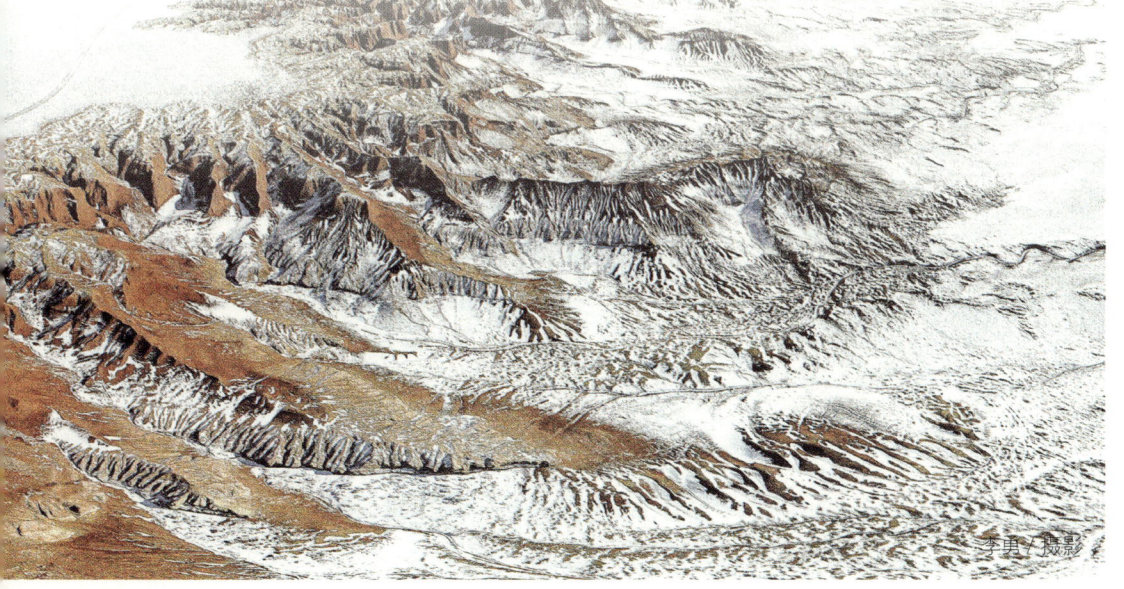

才"集体荣誉称号。9月25日,苏尼特右旗乌兰牧骑被中宣部等九个部门授予全国"最美奋斗者"先进集体称号。9月27日,苏尼特右旗乌兰牧骑被国务院授予"全国民族团结进步模范集体"荣誉称号。10月1日,乌兰牧骑演员巴音德力格被内蒙古自治区党委退役军人事务工作领导小组办公室、自治区党委组织部、自治区人力资源和社会保障厅、自治区退役军人事务厅、自治区军区政治工作局共同授予"内蒙古自治区模范退役军人"荣誉称号。11月,苏尼特右旗乌兰牧骑被国家民委命名为"第六批全国民族团结进步教育基地"。12月,被自治区党委、宣传部、社会科学界联合会命名为"内蒙古自治区第八批社会科学普及基地"。

2019年11月1日,《内蒙古自治区乌兰牧骑条例》正式实施。赋予了乌兰牧骑"创作、演出、宣传、辅导、服务、传承、创新、对外文化交流"八项职能。为乌兰牧骑的健康发展提出了要求、提供了保障,标志着乌兰牧骑跨入依法建设发展的新时代。苏尼特右旗乌兰牧骑更加奋力前行,不断创新服务形式、拓展服务范围、提升服务水平,加快推动新时代乌兰牧骑事业全面持续健康发展。萨仁满都呼,苏尼特右旗乌兰牧骑一名即将退休的老歌唱演员,在喜爱她的牧民观众的鼓励下,顺应牧民欣赏方式的改变,做起了网络直播,成了全旗的"网红"达人。在采访中,我们很想让她现场直播一场,见识一下她在直播间与牧民粉丝互动交流的热闹景象。但是却被萨仁满都呼拒绝了,她满脸担忧地说:"今年苏尼特草原大旱,牧民们这个时间都急着解决牲畜饮水问题,哪还有心情看直播啊?我们现在也都在替我们的牧民想办法呢,也没有心情直播。"听完这位乌兰牧骑队员的话,我们都沉默了,对牧民们口中的"玛奈(我们)的乌兰牧骑"和"玛奈呼和德(我们的孩子)"这个群体也有了更深刻的认识。

2020年疫情肆虐的情况下,苏尼特右旗乌兰牧骑不忘初心,仍活跃在基层,鼓舞着奋战在抗疫一线的医务人员和广大群众,全年完成演出107

场，其中下乡演出73场，城镇演出34场；新编创完成作品13部，展厅参观175次，人数达2449人。同时，他们利用抖音、微信公众平台、美篇等新兴媒体鼓舞士气，提振人心。

2021年队员王蕾当选内蒙古自治区第十一次党代会党代表。这位1987年出生满是青春与活力的姑娘已经是苏尼特右旗乌兰牧骑的"老队员"，言谈举止中透着一股成熟和稳重。不仅是她，在新一代85后、90后的乌兰牧骑队员中，无论是思想上还是对艺术追求的理解上，都与习近平文化思想、与社会主义核心价值观保持着高度的一致。同样是1987年出生的黄小云说："一个文艺工作者的价值体现，不就是老百姓的认可吗。"1988年出生的乌云吉日嘎拉说："我们从不在乎观众有多少，有时候观众比演员都少，但是只要有需要我们就认真演出，我们登上的舞台丰富多彩，我们为拥有这种艺术之旅而感到无比自豪。"1988年出生的苏日娜说："我从一个乌兰牧骑队员，转变为一个普通却光荣的驻村干部，离群众更近，也就更能想群众之所想了。"1991年出生的文都苏说："我们深深地体会到，在党和国家的关怀下，我们过着多么幸福、安宁和具有美好憧憬的生活，我作为一名乌兰牧骑队员，将牢记自己的使命，为祖国贡献出一份力量。"所有这些，都没有经过"彩排"，只是我们在和他们交流中"捕捉"到的他们自然的瞬间"流露"。

苏尼特右旗乌兰牧骑，已经成为扎根祖国北疆的一道亮丽风景。这也不难解释，为什么中国第一支乌兰牧骑的辉煌一直在持续：2022年4月，内蒙古自治区总工会颁发了内蒙古自治区五一劳动奖状。9月，被内蒙古军区评为最美北疆单位。11月被自治区应急管理厅和内蒙古消防总队评为消防先进集体。同样在11月，被中华全国总工会、中共中央宣传部等六个单位授予第十七届全国职工职业道德建设先进单位……

 铭记心间的嘱托 奋发前行的动力

孟克吉日嘎拉

1979年11月出生于镶黄旗,蒙古族。中共党员,国家一级演员。2001年12月至2002年3月,参加由内蒙古自治区党委宣传部和内蒙古文化厅联合组织的内蒙古乌兰牧骑"全国行"巡演。2004年5月担任乌兰牧骑副队长,2007年1月至2021年5月担任乌兰牧骑队长,2018年5月至2022年6月兼任乌兰牧骑党支部书记。2022年6月调到旗文联工作。

主要作品有《绣毡子》《胡木》《相约那达慕》《魂系草原》《祝福》《琴声悠扬的故乡》等百余首歌曲和舞蹈作品。创作、编导了《喜鹊为啥叫喳喳》《白云的故乡》《朱日和情》等小戏和舞台剧。多次获得盟、自治区级创作奖和导演奖。

带领苏尼特右旗乌兰牧骑圆满完成了多场国内巡演任务,赴奥地利、美国、蒙古国、布隆迪共和国等国家进行了访问交流演出,在国际舞台上展现了乌兰牧骑风采。多次被评为全旗"优秀党员""文化事业突出贡献者""乌兰牧骑突出贡献者""助力脱贫攻坚先进个人"等,荣获全盟"优秀乌兰牧骑队长""基层文化工作先进个人""内蒙古自治区青年德艺双馨文艺工作者"以及全区文化科技卫生"三下乡"先进个人等荣誉称号。

我的乌兰牧骑经历

我于1979年11月出生在镶黄旗一户普通的察哈尔牧民家里,在牧区长大的我从小酷爱骑马,那时我经常骑马奔驰到家乡的那座山顶上唱妈妈教给我的那一首古老的察哈尔民歌《喜日哈达》。小时候我觉得世界上最好听的歌就是妈妈唱的歌,对我来说那是最具恩情的韵律,那是最温馨的歌谣。从小在母亲的熏陶下我迷恋着蒙古民歌,长大以后当一名歌手或者当一名乌兰牧骑演员是我儿时的梦想。

1996年我梦想成真进入了镶黄旗的乌兰牧骑,2003年5月被转为正式队员。

2001年,我和我们苏尼特右旗乌兰牧骑的舞蹈演员巴音德力格、苏日巴特尔、敖登高娃、那仁德力格尔等5名演员入选了内蒙古自治区乌兰牧骑第二次"全国行"演出团队。那次是从全区各盟市的乌兰牧骑中筛选出了33名演员来组建了一支演出队,编排了一台民族歌舞综合型节目叫《我从草原来》,我本人在《鄂尔多斯婚礼》《踏响绿草地》《跃马雄风》等节目中担任主演,走了山东、福建、浙江、广东、广西、云南、贵州、湖南等20多个省、自治区进行巡演,历时100余天,圆满完成了乌兰牧骑史上第二次全国巡演任务。当时自治区政府给我们的巡演队配备了一辆大客车,车上仅前面留了三十几个人的座位,后面的座位全部拆掉了用来装服装箱、道具、幕布等,车里很拥挤,但是大家很快乐。巴音德力格、苏日巴特尔我们仨被大家称为装卸车的"专家",因为其他同志装卸车堆放箱子、道具总是多出来一部分东西无处可放,就得我们仨来上手才能全部"消化掉"。每次演出完把所有东西在车上合理堆放好后,我们虽然累得满头大汗,但每次装完东西心里很踏实、很自豪。

2003年,中国许多地方发生非典疫情,我们苏尼特右旗也不例外。

当时那样的非常时期,为了普及防范知识,增强民众防范意识,安抚民众的恐慌,5月中旬我们乌兰牧骑编排了舞蹈《白衣天使》、歌曲《幸福的源泉》等节目,组织全体队员到医院前线开展演出,慰问广大医务工作者和隔离群众。经过我们的"进医院"行动,提振了大家的士气,民众也了解到了正确的防范措施,他们的恐慌心理也放松了很多。

多年来,我们乌兰牧骑除了本职工作以外多次组织全体演职人员开展"敬老爱幼""帮扶贫困学生"等社会慈善公益活动,得到了社会的认可。

▲ 孟克吉日嘎拉/摄影

2016年之后，我们还积极投身脱贫攻坚工作，深入基层，了解农牧民实际困难，为16户贫困家庭争取了400只扶贫羊，为缺水草场打了井，捐款捐物解决农牧民们的燃眉之急，通过这些，更加深化了我们乌兰牧骑与农牧民之间的深情厚谊。

2007年担任苏尼特右旗乌兰牧骑队长（第十一任）后，我深感责任重大，时刻提醒自己一定带好队伍，把乌兰牧骑的优良传统发扬好。2008年，我带领苏尼特右旗乌兰牧骑赴清华大学、中央民族大学等首都高等学府进行了文化交流演出活动，2012年开始先后带领乌兰牧骑赴美国、奥地利、德国、蒙古国、布隆迪共和国等国家进行多次对外巡演交流，把乌兰牧骑精神传播到了大江南北、大洋彼岸。苏尼特右旗乌兰牧骑是我成长的摇篮，是乌兰牧骑这个"大家庭"培养了我。

在今后的工作生活中，以"德艺双馨"的乌兰牧骑老队员、老艺术家为榜样，创作出更多接地气、传得开、留得下的优秀作品，扎根基层，服务群众，为乌兰牧骑事业，为祖国北疆文化的发展贡献自己的一份力量。

总书记给我们回信了

2017年是内蒙古自治区成立70周年，也是中国第一支乌兰牧骑——苏尼特右旗乌兰牧骑成立60周年。回想起60年来党和政府对乌兰牧骑的重视和关爱，回想起60年来乌兰牧骑走过的历程，我们苏尼特右旗乌兰牧骑的队员们不禁感慨万千、无比自豪。"我们要给习总书记写一封信，把乌兰牧骑60年成长和进步向总书记作一个汇报！"——这个想法不约而同地在队员们心中闪出且不可抑制。这个想法也得到了自治区各级领导的支持，10月9日，我们怀着无比激动和崇敬的心情，写了如下一封信：

敬爱的习总书记：

您好。

我们是内蒙古自治区锡林郭勒盟苏尼特右旗乌兰牧骑队员。今年是内蒙古自治区成立70周年，也是我们乌兰牧骑诞生60周年。在这样一个特殊的时刻，我们怀着无比激动的心情写这封信向您报告乌兰牧骑的成长和进步。

1957年6月，在乌兰夫同志的直接关怀下，草原上的第一支乌兰牧骑我们锡林郭勒盟苏尼特右旗乌兰牧骑诞生了。乌兰牧骑，汉语意思为红色文化工作队。由于短小精干、灵活新颖、贴近生活，思想性、艺术性、观赏性有机统一，被农牧民亲切地称作"我们的乌兰牧骑"，乌兰牧骑队员则被唤作"我们的孩子"。我们这支乌兰牧骑成立之后，内蒙古各旗县雨后春笋般建立了自己的乌兰牧骑。现在，乌兰牧骑已经有75支队伍、3000多人，被誉为"草原轻骑兵"。

60年来，我们始终秉承来自草原、面向基层、"一专多能"的服务理念，把党的路线方针政策和温暖送到千家万户，给广大农牧民带来了欢歌笑语，深受各族群众的喜爱。毛泽东、周恩来、邓小平等老一辈无产阶级革命家多次观看乌兰牧骑演出并接见我们乌兰牧骑演员。周恩来总理对我们提出殷切期望："望你们保持不朽的乌兰牧骑称号，把革命的音乐舞蹈传遍全国，去鼓舞人民。"邓小平同志为乌兰牧骑题词："发挥乌兰牧骑精神，全心全意为人民服务。"在周总理亲自倡导下，乌兰牧骑还多次到全国进行巡回演出。

乌兰牧骑从诞生的那一天起，始终在毛泽东同志《在延安文艺座谈会上的讲话》精神和党的文艺方针的正确指引下，坚持全心全意为人民服务、为社会主义服务的发展方向，在实践中形成了良好的传统和作风，成为全国文艺战线的一面旗帜。

2014年10月15日，您在文艺工作座谈会上讲道："社会主义文艺，从本质上讲，就是人民的文艺。""只有牢固树立马克思主义文艺观，真正做到以人民为中心，文艺才能发挥最大正能量。以人民为中心，就是要把满足人民精神文化需求作为文艺和文艺工作的出发点和落脚点，把人民作为文艺表现的主体，把人民作为文艺审美的鉴赏家和评判者，把为人民服务作为文艺工作者的天职。"您的重要讲话，为我们党的文艺事业和广大文艺工作者指明了前进的方向，提供了基本遵循，鼓舞着我们每一位文艺工作者砥砺奋进。我们还难以忘怀的是，2014年春节即将到来之际，您来到内蒙古，参加草原那达慕，看望慰问各族干部群众，向全国人民致以新春祝福。我们深深地感受到总书记的心与草原儿女的心是连在一起的。

您为内蒙古自治区成立70周年的题词："建设亮丽内蒙古，共圆伟大中国梦"，为我们描绘出美好蓝图，草原各族人民感到无比振奋。在新的历史起点上，我们怀着对党的无限忠诚、对社会主义祖国的无比热爱、对民族团结大家庭的无比自豪，还有草原儿女对您的深深崇敬与爱戴，努力发扬蒙古马精神，守望相助，团结奋斗，为社会主义文艺事业繁荣发展作出更大的贡献，不辜负党和人民的厚望。

祝您吉祥如意！

锡林郭勒盟苏尼特右旗乌兰牧骑队员代表
2017年10月9日

信件发出后,我们就一直在忐忑中期盼着。终于,2017年11月21日下午1点,我们身着正装,怀着无比激动的心情聆听盟委领导郑重宣读习近平总书记给我们的回信:

苏尼特右旗乌兰牧骑的队员们:

你们好!从来信中,我很高兴地看到了乌兰牧骑的成长与进步,感受到了你们对事业的那份热爱,对党和人民的那份深情。

乌兰牧骑是全国文艺战线的一面旗帜,第一支乌兰牧骑就诞生在你们的家乡。60年来,一代代乌兰牧骑队员迎风雪、冒寒暑,长期在戈壁、草原上辗转跋涉,以天为幕布,以地为舞台,为广大农牧民送去了欢乐和文明,传递了党的声音和关怀。

乌兰牧骑的长盛不衰表明,人民需要艺术,艺术也需要人民。在新时代,希望你们以党的十九大精神为指引,大力弘扬乌兰牧骑的优良传统,扎根生活沃土,服务牧民群众,推动文艺创新,努力创作更多接地气、传得开、留得下的优秀作品,永远做草原上的"红色文艺轻骑兵"。

扫码欣赏
合唱《珍贵的回信》

宣读完毕后，现场顿时沸腾起来，响起了经久不息的掌声，我们的脸上都洋溢着发自内心的、自豪的笑容，眼里也都涌出了激动的泪水！

2017年11月21日，这注定是一个让我们所有乌兰牧骑队员都铭记的日子。这一天，各地的乌兰牧骑队员们奔走相告着这个喜讯，所有队员的第一句话都是："你知道吗，敬爱的习近平总书记给我们回信了……"，然后就哽咽着，说不出话来。这一刻，我们已经无法用语言来表达我们的心情了。敬爱的习总书记，是您的惦念和关怀、肯定与叮嘱，让我们苏尼特右旗乌兰牧骑的队员们和全区75支乌兰牧骑的3500多名乌兰牧骑队员们骄傲着、幸福着。

习总书记给我们回信以后，大家天天都有使不完的劲。在回信的第二天，我们就按捺不住激动的心情，连夜创作出作品，走进牧区把总书记送来的福音带给基层牧民。瓦·钢宝力道创作的好来宝《总书记来信记心中》脍炙人口，记忆深刻，牧民们听了之后都能哼唱一两句。舞蹈《一封回信》，表现了我们队员们收到总书记回信后的欣喜和激动。

自习近平总书记回信以来，我们已累计创作新作品近百部（首），争取到国家艺术基金等各项资金扶持400余万元，创作了蒙古剧《朱日和情》，并在全区范围内开始巡演。自治区文旅厅、内蒙古广播电视台还与苏尼特右旗乌兰牧骑联合摄制了纪录片《小队伍、大使命》，荣获了内蒙古自治区第十四届精神文明"五个一工程"奖和第十二届内蒙古自治区艺术"萨日纳"奖文艺专题片奖。我们苏尼特右旗乌兰牧骑还先后荣获"全国民族团结进步模范集体""最美奋斗者"、全国"服务农民、服务基层文化建设"先进集体、中国青年五四奖章集体、"'三农'人物奖团体奖"等荣誉称号……

作为一名乌兰牧骑老队员，我一直铭记着总书记的回信，感恩总书记的惦念，我们将牢记总书记的嘱托，用实际行动和优异成绩回报总书记的关心关怀，努力将更多接地气、传得开、留得下的优秀文艺作品展现给最基层的群众，让乌兰牧骑这支"红色嫩芽"队伍枝繁叶茂。

从总书记手中接过沉甸甸的牌匾

2019年9月25日，"最美奋斗者"表彰大会在北京召开，27日，全国民族团结进步表彰大会在北京召开。我们苏尼特右旗乌兰牧骑分别荣获"最美奋斗者"先进集体和"全国民族团结进步模范集体"荣誉称号。我作为领奖代表参加了表彰大会，这对于我来说是前所未有的、至高无上的荣耀！

在全国民族团结进步表彰大会上，习近平总书记亲自为我们乌兰牧骑颁奖。当总书记将"全国民族团结进步模范集体"荣誉匾递到我手中时，握着总书记那厚实而温暖的手，望着总书记那和蔼可亲、平易近人的面容，我太激动了，感觉自己都要哭了出来，幸福感和自豪感油然而生，我哽咽着一句话也说不出来，在心里默默地向总书记表态：请您放心，我们乌兰牧骑队员一定不辜负您的谆谆教诲和殷切期望，一定会牢记您的教诲和嘱托，好好珍惜、呵护您和党中央给予我们乌兰牧骑的肯定和荣誉，在新时代新征程上，为建设祖国亮丽北疆作出更大的贡献！

▲ 2019年10月1日,庆祝中华人民共和国成立70周年大会在北京天安门广场隆重举行　孟克吉日嘎拉/摄影

表彰后我还应国庆70周年阅兵组委会邀请，随同少数民族参观团成员一起到天安门广场观众席上观看了盛大的阅兵仪式和群众游行表演。10月1日一大早我们准备就绪，按捺不住内心的喜悦，早早地来到观礼台上就座。观礼台被装扮得绚丽多彩，与天安门城楼上的大红灯笼、广场上红色飘带、金水桥上的红色地毯交相辉映，现场充满了节日喜庆的气氛。

聆听了习近平总书记铿锵有力的国庆讲话，看着阅兵式中国人民解放军英姿飒爽、整齐划一的步伐，还有群众的游行表演，我心潮澎湃，激动万分。回望祖国走过的70年风风雨雨，再看看今天祖国的繁荣昌盛，我作为一名乌兰牧骑队员，作为一名蒙古族代表，更作为一名中国人而感到骄傲和自豪！

那些壮观的景象深深地印在了我的脑海当中，那些激动人心的场面一直历历在目，时刻都在鼓舞、激励着我。能够亲自接受习总书记授予"全国民族团结进步模范集体"荣誉匾，并受邀观礼国庆70周年阅兵，是我今生莫大的幸运和荣耀，更是我们乌兰牧骑的光荣和自豪。这体现了党和国家对我们乌兰牧骑的重视和关怀，使我们乌兰牧骑队员们都深受鼓舞。我们要牢记习近平总书记的嘱托，始终坚持以人民为中心，扎根生活沃土，服务牧民群众，增强文化自觉，坚定文化自信，铸牢中华民族共同体意识，努力创作更多接地气、传得开、留得下的优秀文艺作品，让乌兰牧骑这面旗帜永远飘扬在祖国北疆，让乌兰牧骑这支队伍成为扎根祖国北疆的一道亮丽风景！

扫码欣赏
诗朗诵《我和乌兰牧骑》

有一种美叫肩上有责任
——我的全国政协委员经历

哈斯塔娜

出生于1983年11月,蒙古族。专业为舞蹈,多能为舞蹈编导等。艺术硕士研究生,国家三级演员。2005年考入苏尼特右旗乌兰牧骑。全国政协第十三届委员会委员,中国民族民间舞蹈家协会会员,内蒙古自治区舞蹈家协会会员。

2012年3月赴美国加州参演巡回演出,2014年赴欧洲参加萨尔茨堡国际音乐节,2016年7月参加由蒙古国文化部、文联和乌兰巴托市政府联合举办的2016年国际蒙古舞艺术节,2017年赴非洲布隆迪共和国进行友好文化交流演出,2018年元旦参加全国政协茶话会文艺演出,2018年参加央视春节联欢晚会。

2015年作品《祈》在第四届中国蒙古舞大赛暨第四届内蒙古电视舞蹈大赛中荣获创作和表演铜奖,作品《塔牧沁牧歌》在国际蒙古舞蹈展演暨第四届内蒙古电视舞蹈大赛中荣获创作优秀奖;2018年作品三人舞《苏尼特·布斯贵》在第十五届中国·内蒙古草原文化节首届乌兰牧骑新人新作展演中获得表演一等奖;2020年9月在首届内蒙古民间舞蹈大赛中获得表演铜奖、创作优秀奖;影像舞蹈《爱》发布于央视网,并被选入内蒙古学习强国平台。

我是草原的女儿，锡林郭勒的皇天后土养育了我，世代传承的草原文化哺育了我，乌兰牧骑精神始终召唤着我。

我从小是听着乌兰牧骑的故事、看着他们的表演长大的。"乌兰牧骑"蒙古语意思为"红色嫩芽"，后来被称为"红色文艺轻骑兵"。1957年6月，中国第一支乌兰牧骑就诞生在美丽的苏尼特右旗草原上。成立之初只有9名队员、4件乐器、两辆勒勒车。

小时候，最受大家欢迎的就是乌兰牧骑的下乡演出了。至今还记得很清楚，我和姐姐常常跟着爸妈，坐着马车去看乌兰牧骑的整场演出。在家乡上学时候的暑假寒假，还经常去乌兰牧骑院子里，看他们排练，在乌兰牧骑的哥哥、姐姐们的辅导下，也跟着一起练过功。

就在那时，我萌生了当一名乌兰牧骑队员的想法。

2005年，我如愿考进苏尼特右旗乌兰牧骑，真正成为一名草原上的文艺轻骑兵，实现了儿时的梦想。

虽然我是舞蹈演员出身，但慢慢也对编创产生了极大的兴趣。从2010年开始，我多次去蒙古国学习传统舞蹈贝勒格，想在贝勒格和现代蒙古舞的结合上下一番功夫。终于在2013年，队里扶持我创作了第一个作品——男女群舞《塔牧沁牧歌》。此后几年里，女群舞《祈》《牧羊姑娘》，独舞《梦中的额吉》等舞蹈作品相继编创出来，在演出中获得了观众的认可，并多次获奖。

很多人只看到台上我们的作品，其实真正让我们呕心沥血、费心劳神的是创作的过程。记得在创作采风时，我们先后走访了达·查干、呼日勒巴特尔、尧·额尔德尼陶格特胡、瓦·钢宝力道等老师，他们就各自的研究领域和专长，细致给我们讲解了探马赤传说、岩画、民歌、民俗等方面关于苏尼特历史的丰富内容。我们还拜访民间艺人呼其图、奇达日巴拉以及乌兰牧骑副队长赛西雅拉图等老师，他们耐心地为我们讲解蒙古族宫廷音乐阿斯尔及苏尼特民歌。呼其图老师讲到动情之处，还即兴弹起雅托噶（蒙

▲ 2017 年表演舞蹈《多彩的塔牧沁》

▲ 2006年表演舞蹈《边陲卫士》

古古筝），其旋律时而如泉水一般轻柔优美，时而像瀑布一般汹涌澎湃，令人陶醉其中。我们还走进牧户，向乌云斯琴等民间艺人求教，当老人得知我们的来意时激动不已，从衣柜里翻出当年母亲留给她的苏尼特传统服饰，滔滔不绝地讲起了这套服饰的制作工艺等，也让我们对蒙古族服饰有了更深入的了解，坚定了将传统服饰元素运用到作品创作中的想法。

2018年，我一直计划着创作一个表现新时代苏尼特草原生活的作品。我有幸邀请到北京东方演艺集团的斯日吉德玛一起参与编创。我们一道沉到牧区去采风，在采风搜集素材的基础上，创作了三人舞《苏尼特·布斯贵》（汉语意思为苏尼特的妇女）。表现苏尼特草原生活，不能忽略最重要的苏尼特符号之一——骆驼。我们拜访了牧驼人莫尔根家，体验了赶骆驼、骑骆驼、挤驼奶、搓捻驼毛绳等很多生产生活技艺。苏尼特妇女们搓捻驼毛绳的劳动过程，为我们创作舞蹈《苏尼特·布斯贵》带来了很大的启发,我们在这一舞蹈中主要表现的,就是苏尼特妇女用勤劳的双手编织美好生活和建设家园、守护家园的场景。

曾有人问我,你们为了创作一部几分钟的舞蹈节目用得着花费那么多精力,需要那么多次下基层去采风吗?我认真地回答:"要想创作接地气、传得开、留得下的文艺作品,就必须到牧区去,到基层去,把自己真正融入原生态基层生活,次数越多,时间越长越好。"

2018年,我作为乌兰牧骑的代表,被组织推荐担任全国政协第十三届委员会委员,这是我一生的荣耀,更是组织和全区3500多名乌兰牧骑队员对我的信任。2018年3月,我以一名全国政协委员的身份,第一次参加了全国"两会"。开幕那天,是我第一次走进人民大会堂,特别紧张,感觉心咚咚地都要跳出来了。全体委员起立唱国歌时,心情更是澎湃不已。会场上,很多委员问我说:"你这么年轻,是从哪里来的?"我说是从乌兰牧骑来的。都不用说我是内蒙古的,大家都知道,竖着大拇指称赞说乌兰牧骑棒!正是从那时起,我深深意识到作为一名政协委员是一种荣誉,更是一份沉甸甸的责任,肩负着弘扬乌兰牧骑精神,推进文化创新发展的重任,

▲ 2017年表演舞蹈情景剧《在草原人家》

自己必须恪尽职守，不辜负组织和全体乌兰牧骑队员的重托，努力履职尽责，发挥应有的作用。

我之前就是乌兰牧骑队伍里一名普通演员，每天只想着怎么把舞跳好、把节目演好，成为全国政协委员是我人生的转折点。对于我来说压力很大，转变也很大。以前我只关注自己的专业，担任全国政协委员之后，我知道自己肩上的责任更大了，在扎实提升自身业务能力的同时，我还要学习和了解更多的政治理论，关注牧民生活，倾听草原上农牧民的心声，把党的声音传递到广大农牧民当中，把群众真实的声音反映上去。我每年都积极撰写提案，其中至少一个会与乌兰牧骑相关。每年的小组讨论，我也都积极发言。自己汉语水平不高，我就更加精心准备发言材料，一遍一遍地练习，直到背得滚瓜烂熟。担任全国政协委员的5年间，我讲了乌兰牧骑的故事，谈了少数民族大学生就业的问题，关注了民族团结、文化自信等诸多问题，对于内蒙古、对于乌兰牧骑，很多委员了解得并不深刻，大家对我的发言都很感兴趣，听得兴致勃勃。能够代表我们的家乡、我们的乌兰牧骑在全国"两会"上发声，我骄傲、自豪。

为了更好地履职尽责，传达好"两会"声音，每年的全国"两会"，我记的笔记都不少于一整本，既有最新政策，又有个人的心得体会；既有蒙古文，也有汉文。回到内蒙古后，我还参加了内蒙古自治区党委宣传部组织的"两会"精神宣讲团，进学校、进企业、进牧区、进社区……，带头去宣讲"两会"精神。在给汉族同胞宣讲时，我会比较紧张，我怕自己汉语说不好，但是每每讲到乌兰牧骑的事迹、解读"两会"精神时总能收获掌声和感动；在给蒙古族同胞宣讲时比较自如，但也要下不少工夫，要把"两会"精神和当地的实际情况结合起来，才会比较生动，大家才能听进去、听明白。由于我在"两会"精神宣讲中的认真和努力，2019年，我被内蒙古自治区党委宣传部评为优秀宣讲员。

2019年年底，大家都在忙忙碌碌地准备年货、欢欢喜喜地等着过年。千里之外的武汉刚刚传出发生新冠肺炎疫情的消息时，并没有打乱草原喜迎春节的节奏，我还回老家探望了父母，感觉疫情离我们很远。大年三十当天，突然接到队里的紧急通知，疫情防控工作全面启动。我们苏尼特右旗乌兰牧骑被分配到平房区值守点，居民多是中老年人。那段时间，看望老人的、来喂狗的、外地租房的、替房主烧炉子的……，人来人往仿佛更胜从前，排查工作的难度也日益增加。在冰天雪地里值守的滋味不好受，可是大家还总是盼着下雪，下了雪，就有脚印，看到门口扫了雪，我们就知道这户有人住，这样能够提升排查的效率。在零下20多度的雪地里，我们坚守在岗位上，认真严谨地完成每一项工作流程，我们的努力和付出也让居民们从一开始的抵触、冷言冷语慢慢变为自觉支持、主动配合工作。

暖春如约而至，萨日朗花依然绽放。疫情平稳后，我们乌兰牧骑也更忙了，我们一边抓紧时间练功，一边进行紧张的创作、排练，力争在第一时间，把党和政府的温暖，把和煦的春风，把我们乌兰牧骑的热情带到每家每户。

2017年11月21日，习近平总书记给我们苏尼特右旗乌兰牧骑队员们的回信，让我们所有人兴奋不已。一直以来，我们苏尼特右旗乌兰牧骑始终铭记习近平总书记的嘱托，扎根生活沃土，满怀豪情与自信，用实际行动弘扬乌兰牧骑的优良传统，努力创作更多接地气、传得开、留得下的优秀作品，在新征程上昂首阔步。我作为这支文艺轻骑兵中的一员，深深感到人民才是创作的源头活水，这片广阔无垠的大草原哺育了伟大而勤劳的各族人民，他们有着讲不完的奋斗故事。

我想，每一个为梦想奋斗的人都是值得赞扬的，因为这些人心中永远会积极向上，传播正能量。我很感激这个时代，让我能成为一名乌兰牧骑队员，担任全国政协第十三届委员，我会永远感党恩、听党话、跟党走，用更多更好的作品回报党和人民，回报乌兰牧骑。

难忘的经历 伟大的使命
——我的全区党代表经历

王 蕾

出生于1987年2月，蒙古族。中共党员，国家三级演员，专业为舞蹈，多能为好毕斯演奏。2005年考入苏尼特右旗乌兰牧骑，现任苏尼特右旗乌兰牧骑党支部宣传委员。

2014年赴欧洲参加了萨尔茨堡国际音乐节，2016年7月参加由蒙古国文化部、文联和乌兰巴托市政府联合举办的2016年国际蒙古舞艺术节，2017年赴非洲布隆迪共和国进行友好文化交流演出，2017年12月参加了全国政协茶话会元旦文艺演出。

2007年在内蒙古自治区第四届乌兰牧骑艺术节上参演的群舞《勇士舞》《塔牧沁牧歌》分别荣获表演二等奖、表演三等奖。2010年在内蒙古自治区第五届乌兰牧骑艺术节上参演的舞蹈《牧野浪漫》获表演三等奖。2012年11月在党的十八大胜利召开之际，在北京解放军歌剧院参加音舞诗"我从草原来"献礼演出。2017年内蒙古自治区第七届乌兰牧骑艺术节上参演的舞蹈《祈》获表演三等奖。

通过抖音、微信公众平台、美篇等网络平台发布与乌兰牧骑有关的网络作品400余篇（个）。

我在18岁时就加入了苏尼特右旗乌兰牧骑，到今天快20年了。

我已经记不清参加了多少场演出，去了多少个地方。我们趴在失聪的老额吉耳旁为她一个人唱过歌，我们为行动不便的独居老人修理过羊圈，我们深入军营和"最可爱的人"开展过演出共建，我们始终迎风雪、冒寒暑，扎根基层沃土、服务牧民群众、推动文艺创新，把最好的文艺作品、最好的演出状态、最真情的暖心服务献给农牧民群众。

每一次下乡演出都非常亲切，农牧民最喜欢看的节目有舞蹈、好来宝、呼麦等。他们期待的眼神、热烈的掌声总会给我留下一些美好的回忆。我们有义务讲好中国故事、传播好中国声音，推陈出新创演更多人民喜闻乐见的优秀作品。那是刚加入乌兰牧骑不久，有一次去牧区演出结束后，一位老额吉走到我跟前，握着我的手激动地说："大老远看见那飘扬的红旗，就知道是'我们的乌兰牧骑'来了。"那一刻，我突然明白了乌兰牧骑对于很多农牧民而言，是希望、是依托、是牵挂。也是从那时候开始，我对"乌兰牧骑"四个字的理解从尊重变成了使命。

习近平总书记给我们的回信，为乌兰牧骑的发展指明了方向，赋予了乌兰牧骑新的使命。作为新时代的乌兰牧骑队员，我们需要以新方式、新作为，为农牧民群众提供更加精准便捷的服务，满足农牧民群众日益增长的精神文化需求。为了适应新时代年轻农牧民的观赏需求，在我们的演出中，呼麦可以与说唱融合，戏曲唱法可以与现代舞台表演艺术融合，马头琴和大提琴可以联合演奏……我们用这种方式推动草原上各民族兄弟姐妹的交往交流交融，推动文艺的创新。60年前，草原上没有电视，乌兰牧骑的演出可谓是牧民的文化盛宴。而今天，当电视、网络普及后，乌兰牧骑依然深受农牧民欢迎的原因是除了创新表演形式外，我们还充分利用现代网络技术和媒体平台全方位发挥乌兰牧骑的作用和职能。2020年，我作为乌兰牧骑的代表，参加了由苏尼特右旗人民政府、中国航空集团有限公司主办，中国国际航空股份有限公司团委、共青团苏尼特右旗委员会承办的"我在草原有只羊"直播活动，10余种苏尼特右旗的农畜特产品亮相直播间，我们需要通过网络将苏尼特右旗优质产品带出草原，走进千家万户。我在直播间献上了优美的民族舞蹈，一展乌兰牧骑风采，并同其他主播一起在直播间讨论起了苏尼特涮羊肉、羊肉串、羊龙骨等各种的做法与吃法。直播间火爆异常，订单一个接一个。那次仅一个小时的直播，销售了3万多元。作为一名乌兰牧骑队员，精准了解农牧民所需所想，能够以直播带货方式，让农牧民的产品走进市场，为他们创收，我的心里甜甜的。我们还开通了掌上乌兰牧骑展厅、乌兰牧骑抖音等官方账号，以便农牧民群众能够通过网络这样便捷的方式与我们互动，了解最新动态，欣赏最新的节目。我还在自媒体平台发布400余篇（个）文稿和短视频，记录了乌兰牧骑服务基层群众的每一个瞬间。

  2010年4月我加入中国共产党，成为一名光荣的共产党员。2018年我成为苏尼特右旗乌兰牧骑党支部宣传委员。2021年的11月，我特别荣幸以党代表的身份，也是以乌兰牧骑队员的身份参加了中国共产党内蒙古自

明哲 / 摄影

治区第十一次代表大会，当时的场景让我到现在仍然记忆犹新。当大会报告中提到"实施文艺作品质量提升工程，推出一批思想精深、艺术精湛、制作精良的优秀作品，推进乌兰牧骑事业健康发展"时，我作为一名文艺工作者，一名乌兰牧骑队员感到浑身充满了力量。第一次参加这样的盛会，我既紧张又激动，认真地聆听着报告，生怕漏掉一字一句。在分组讨论发言时，我按捺不住激动的心情，就乌兰牧骑发展历程和未来发展设想向与会领导作了汇报，各位领导和代表也不时地询问我关于乌兰牧骑的情况，那一刻，我感受到了自己肩负责任的重大。

在每年会议结束回到工作岗位时，我也结合乌兰牧骑工作实际，先后走进苏木嘎查，用基层干部群众听得懂、愿意听的通俗语言进行宣讲，第一时间向大家传达了党代会精神，与大家分享了参加大会的体会和感受。我和我的队员们也一直牢记总书记的嘱托，努力在培根铸魂上展现新担当，在守正创新上实现新作为，发挥好党员的先锋模范带头作用，发挥好小队员的大使命作用。

▲ 2015年冬,参加苏尼特右旗"骆驼文化节"　孟克吉日嘎拉/摄影

 # 在那达慕上相识的朋友

萨仁满都呼

1974年6月出生于苏尼特右旗,蒙古族,国家二级演员,硕士研究生学历。1989年考入苏尼特右旗乌兰牧骑,专业为声乐,多能为好毕斯演奏。录制出版个人歌曲专辑《原野风》《女儿心》《梦中的雨》《祈祷》《神圣的杭锦部落》等。2015年举办了个人演唱会《梦想之光》。曾参加全国政协2018年新年茶话会文艺演出,2018年2月参加中央电视台综合频道"马背上的牧歌致敬红色文艺轻骑兵——乌兰牧骑"春节特别节目,2018年7月参加全国第二届少数民族优秀声乐作品展演,2019年1月参加中国少数民族迎春大联欢会,2019年9月参加中央民族歌舞团举办的献礼中华人民共和国成立70周年原创大型音舞诗画演出"深情的礼赞"。1997年被苏尼特右旗人民政府评为优秀乌兰牧骑队员。

那一年的夏天，我去参加阿其图乌拉苏木一个嘎查"那达慕"。我在主席台旁边观看搏克比赛时，有一位姑娘和我打招呼，是位很淳朴的牧民，叫花拉，花拉是蒙古语，汉语是"花儿"的意思。我们交谈甚欢，很快成了知心朋友，整天形影不离，还跟几个朋友经常在沙漠上游玩。

到晚上的时候，"那达慕"闭幕，人们开始卸下蒙古包装车。花拉我俩爬上了一辆拉货的汽车。那时候，交通不方便，人与人之间的关系真诚而简单，不管是认识还是不认识，只要有车走大家就一起挤上车。车在沙漠里行走着，突然停下了，据说是爆胎了。等了好久，我们俩感觉到有点冷，在我们旁边坐着的牧民额吉说："别把乌兰牧骑的姑娘给冻着了。"说着把一件袍子盖在我俩身上。我俩盖着暖暖的袍子，不知不觉睡着了。突然听到人们喊"走了，走了"！车又慢慢启动了。就这样花拉我俩成了一生的密友，她特别喜欢听我唱的歌曲。

▲ 2019年表演舞台剧《朱日和情》

近两年，牧区都通了网，牧民们也都习惯于用手机看短视频，欣赏歌曲。于是花拉就经常鼓励我做直播。她对我说："不是牧民不喜欢听你的歌曲了，而是他们的欣赏方式变了。你开个人视频账号直播，这样牧民们随时随地都能欣赏你那优美的歌声了。还能给你拉来好多的'粉丝'呢。"

而我一开始根本没有做直播的勇气，总觉得自己岁数大了，玩直播那是年轻孩子们的长项，我根本比不过人家。花拉却坚定地支持我、鼓励我做直播，告诉我牧区有一批喜欢我的观众都一直盼着我开直播呢，这样坐

2018年在赛汉塔拉镇乌力吉苏木淖干塔拉嘎查为牧民演出

在家里就能听到喜欢的歌曲了。

花拉的话让我深受鼓舞,于是我开通了个人视频账号,开始试着做直播,用网络把我的歌唱给喜欢我的观众,没想到有那么多人喜欢,直播间"粉丝"越来越多。现在,我也成了我们旗里的"网红"了呢。

感谢三十多年来一直支持我的朋友花拉,感恩我的观众,祝福你们万事如意!

行进中的乌兰牧骑

贾凤英

1968年10月出生于苏尼特右旗,汉族,籍贯山西省。中共党员,本科学历,副高级职称。1983年考入苏尼特右旗乌兰牧骑,专业为舞蹈。2004年加入中国共产党,2007—2015年担任乌兰牧骑副队长,2015年担任指导员至今,2016—2018年担任党支部书记;2013年至今负责乌兰牧骑展厅管理工作。

1984年随队进京参加中华人民共和国成立35周年庆典和演出活动。1987年舞蹈《神树》获得全区乌兰牧骑会演优秀表演奖。2015年被评为苏尼特右旗先进工作者。2017年被评为苏尼特右旗老年体育文化先进个人。2017年获得全盟从事乌兰牧骑工作30年以上突出贡献奖。曾先后获得苏尼特右旗乌兰牧骑优秀共青团员、优秀共产党员,苏尼特右旗文体旅游广电系统优秀妇女工作者等荣誉称号。

扫码欣赏
情景好来宝《民兵携手谋幸福》

我考入乌兰牧骑是20世纪80年代初，当时乌兰牧骑办公场所新落成不久，院落挺大，一条近60多米的土路，迎面通向一排坐南向北的平房，绕过青砖砌筑的圆形花坛便进入乌兰牧骑工作区域了。当时苏尼特右旗人员编制是25人，交通工具是一辆有帆布斗篷的大卡车。无论春夏秋冬，我们就坐着这辆车深入农牧区，完成演出、宣传、辅导、服务等任务。经过风的吹拂，雨雪的滋润，当年老队员带领我们一起种下的树苗，在那条土路两旁扎根生长，郁郁葱葱，如今早已长成了枝繁叶茂的大树。

时光如梭，2007年建队50周年之际，苏尼特右旗委、政府在原址上为我们乌兰牧骑新建了"苏尼特文化中心"大楼，办公条件焕然一新，新配备了演出舞台车和大巴车等交通演出工具，专用的设施、设备也得到进一步完善。走在"乌兰牧骑路"，或是站在"乌兰牧骑广场"上，都能看到矗立在大楼前方的一座雕塑，那是建队初期9名队员的人物造型雕塑，以纪念老一代队员为乌兰牧骑事业所作出的贡献。

2017年苏尼特右旗乌兰牧骑迎来了建队60周年，核定人员编制增加为35人，队伍建设得到了加强。2017年11月21日，习近平总书记给苏尼特右旗乌兰牧骑队员们的回信，是内蒙古乌兰牧骑事业发展进程中具有里程碑意义的一件大事。"苏尼特右旗乌兰牧骑展厅"经过重新设计布展，也于2018年11月21日举办了开展仪式。展陈的文字、图片、影像资料、实物等真实记录了中国第一支乌兰牧骑与人民同心、与时代同行、与改革同进的发展历程和宝贵经验，是全区乌兰牧骑事业不断成长进步的生动缩影。自治区党委、政府高度重视乌兰牧骑事业发展，内蒙古自治区第十三届人民代表大会常务委员会第十五次会议通过了《内蒙古自治区乌兰牧骑条例》，于2019年11月1日颁布施行，其中第九条明确了新时代乌兰牧骑创作、演出、宣传、辅导、服务、传承、创新、对外交流八项职能任务。

乌兰牧骑是党的红色文化工作队，自建队以来，受到党和国家的重视和人民的支持,这是乌兰牧骑事业不断发展前进的动力和源泉。时代变迁,人员更迭,一代又一代的乌兰牧骑队员们不断锻炼成长,无论是台前的鲜花掌声还是幕后的辛勤耕耘,草原红色文艺轻骑兵的初心和使命永远不变。

我爱乌兰牧骑!

结　缘

黄小云

　　出生于1987年6月，汉族，中共党员，国家三级演员。专业为舞蹈，多能为雅托嘎演奏、讲解。2004年考入苏尼特右旗乌兰牧骑工作。

　　2010年8月，参加全国第七届少数民族传统运动会闭幕式演出；2012年11月，在北京解放军歌剧院参加苏尼特右旗乌兰牧骑"我从草原来"庆祝党的十八大胜利召开文艺演出；2017年10月，赴非洲布隆迪共和国访问演出；2017年12月，参加全国政协新年茶话会演出；2018年1月，参加央视元旦"起航——2018新年特别节目"；2018年11月11日，参加中国第二十届上海艺术节特别活动。2017年8月，在纪念乌兰牧骑60周年表彰大会上被评为乌兰牧骑优秀队员。

艺校毕业之后父母不愿意让我去外地找工作，理由是我一个女孩子在外地他们不放心。让我考乌兰牧骑，就这样，在父母地劝说下我同意去看看。2004年3月，走过一段林荫小道，一个小花坛，一排平房就映入眼帘，就是乌兰牧骑的办公地。队长斯琴高娃让我在她办公室里跳了一段舞蹈，了解了我的一些基本情况后，说："留下来先实习吧！"

还记得我入队最开始学的作品是群舞《踏响绿草地》和《火红青春》。有一天队里通知下乡，我特别好奇"下乡"是干什么？舞蹈队长领着我去领两套服装、一双舞蹈靴、一块一米见方的布。这布是干什么的？我那时充满期待又满是好奇。终于可以跳舞了，舞台是什么样的？下乡是干什么？首先我知道了那块布原来是用来包服装的，叫"包袱皮"。

在排练厅整理了一下午我也没包好，拿起来松松垮垮的。演出回来之后，妈妈问我："你们演出怎么样呀？"我只回了句："还行。"原来"下乡"就是去牧区、去偏远的地方演出，我期待的舞台原来就是在草地上，这和我心目中的舞台有着天壤之别。说实话当时我怀疑自己，以后在这样的"舞台"上还能坚持多久？草地上演出最有压力的是跳顶碗舞，因为地不平，一不小心"顶碗舞"就跳成"撒碗舞"了。

2004年秋，我们乌兰牧骑受邀到阿其图乌拉苏木布日都嘎查举办的"那达慕"上演出。"那达慕"大会上，白天我们的演员们也参加"那达慕"的比赛活动，和牧民朋友们互动，融入欢乐当中。傍晚我们才正式演出，演出结束时天早已经黑了。刚要收拾东西,几位急匆匆赶来的牧民大哥非常惋惜地说:"得知乌兰牧骑在这里演出,我们忙完家里的活,就赶紧骑摩托车赶来,可还是来晚了。"队长说:"可以演,但天黑了看不见了呀!"旁边人群里传来声音说:"只要乌兰牧骑想演,我们有办法。"过了一会儿三台小汽车围在舞台前方,车灯打开,就这样,一个"幕天席地",带有"汽车聚光灯"的舞台展现在眼前。这场面深深地震撼到了我,我才知道,原来我们乌兰牧骑这么受欢迎。

这时,我才认真思考作为一名演员,自己追求的是什么。习近平总书记说过,要把人民作为文艺审美的鉴赏家和评判者,把为人民服务作为文艺工作者的天职。一个文艺工作者的价值体现,不就是老百姓的认可吗!其实做演员不一定非得在华丽的剧院里演出,像这样以天为幕布、以地为舞台的演出,更受农牧民的喜爱,也很接地气,也很温馨。只要满足观众的需要,在哪里演都是好演员,于是我暗下决心留在苏尼特右旗乌兰牧骑,扎根草原,在为农牧民而歌,为农牧民而舞的过程中实现自己的艺术理想和艺术价值。

▲ 2017年在布隆迪共和国首都布琼布拉进行文化交流

人民的乌兰牧骑

乌云吉日嘎拉

　　1988年12月出生于苏尼特右旗额仁淖尔苏木阿门乌苏嘎查，蒙古族，本科学历。2012年考入苏尼特右旗乌兰牧骑，从事呼麦、马头琴表演。2012年参加央视春晚，2012年3月在美国加州参演巡回演出，2014年赴欧洲参加萨尔茨堡国际音乐节，2014年赴广西参加全国少数民族民歌大赛并获金奖，2017年12月参加中央民族大学"中华一家亲"中国少数民族新年音乐会专场演出，2018年1月参加由中宣部、中国文联组织的"我们的中国梦——文化进万家"演出，2019年8月赴日本参加中日通航45周年纪念活动演出。2017年被苏尼特右旗委、政府评为优秀乌兰牧骑队员。

我于2012年加入苏尼特右旗乌兰牧骑这个大家庭。我的主要专业是呼麦，刚来时，略会一点马头琴演奏和陶布秀尔弹奏，但是不太精通。来到乌兰牧骑以后，由于我们是文艺"轻骑兵"，人人都是多面手，唱完歌又拿起乐器演奏，跳完舞又到展板旁宣讲，农牧民都非常喜欢我们这种形式的演出服务。我深深地体会到作为一名乌兰牧骑队员"一专多能"的重要性以后，就刻苦学习，提高了马头琴和陶布秀尔的演奏技能。

我们苏尼特草原地域辽阔，乌兰牧骑走遍了苏尼特草原每一个角落，走到农牧民中间辅导基层文化活动、宣传党的方针政策，进行文艺演出、参加扶贫。我自己都记不清入队以来下乡多少次，演出多少场。一般的政府机关、企事业单位都有正常作息时间，有法定节假日，可我们乌兰牧骑很少有，经常天刚亮就踏上下乡的旅程，满天繁星的夜空下还在演出。每当节假日正是我们最繁忙的时候，我们到基层与群众一起共度佳节，为农牧民带去欢乐，送去党的温暖。

我们从不在乎观众有多少，有时候观众比演员都少，但是只要有需要我们就认真演出，我们为拥有这种艺术体验而感到无比自豪。我们曾在国内外大舞台上翩翩起舞，以我们悠扬的歌声，绚丽的舞姿震撼无数观众；也曾在蒙古包的门前为牧民献歌献舞，送去党的关怀，温暖百姓的心。在为群众服务的过程中我的专业技能也不断得到提高，而且也深刻领悟到了习近平总书记在给我们的回信中所提到的"乌兰牧骑的长盛不衰表明，人民需要艺术，艺术也需要人民"的真正含义。

◀ 2019年,表演舞台剧
《朱日和情》

◀ 2021年,在"向党献礼、
向人民汇报"全国巡
演中弹唱呼麦

扎根基层服务群众

苏日娜

出生于1988年4月,蒙古族。2004年毕业于乌兰察布艺术学校,2005年考入苏尼特右旗乌兰牧骑,专业为舞蹈,擅长化装。2016年4月至2018年4月,被选派到锡林郭勒盟群众文化艺术馆参加"三区"人才培训学习。2018年5月至今,派驻赛罕乌力吉苏木额很乌苏嘎查担任驻村扶贫工作队副队长。2015年9月,在第四届中国蒙古舞大赛中参演舞蹈《祈》荣获表演铜奖。2019年,被评为全旗优秀驻嘎查村工作队成员。

我是从小看着乌兰牧骑的演出长大的，不知何时起"红色嫩芽"就在我的心里发了芽。2004年，舞蹈专业毕业的我考入了苏尼特右旗乌兰牧骑，成为这个温暖大家庭的一名新成员。

2017年11月21日是习近平总书记给我们乌兰牧骑回信的日子，那一天，我正在锡林浩特市进修。听到这个消息，激动之情难以言表，我只想立刻赶回苏尼特右旗乌兰牧骑和大家一起见证这激动人心的时刻。回来后我和队友们认真读着总书记的回信，激动、开心、备受鼓舞，大家天天都有使不完的劲儿。

收到回信的几个月后，我被抽调到赛罕乌力吉苏木额很乌苏嘎查的扶贫队伍担任驻村干部，一个女舞蹈演员在职业生涯的黄金时段脱岗驻村，而且是连续3年，有人问我为什么？我说："能参与到脱贫攻坚战中我很自豪，总书记给我们的回信中所说的我们对'事业的那份热爱，对党和人民的那份深情'，就是我的回答。只要说需要，不论在任何岗位上，我都是乌兰牧骑队员！"

在我的帮扶对象里，有个小伙子给我留下了极为深刻的印象。他和我同岁，一个同龄人成了我的帮扶对象，这让我很惊讶。小伙子致贫原因竟然是，70多岁的母亲觉得自己已经年迈，儿子应该自立门户了，二人就分家了。可是，他却把母亲留给他的值钱的东西全卖了，仅靠着每年几千块钱的草场补贴生活。他每天宅在家里打电脑游戏，根本不与外界接触，也不想明天的生活该如何过。我跟他说："你该干点啥了。"他说："我为什么要干点啥？"有一段时间，我先上班把手头的活儿忙完，就去找他谈心，给他收拾家……然而，他却觉得很烦。第一书记觉察到了我的不容易，就陪着我，又拽上小伙子的母亲一起和小伙子拉家常。功夫不负有心人，慢慢地，小伙子对工作组放下了些许戒心。有一次村里开会，村委会的电脑出了点儿故障，他们不约而同地想到了这个宅家的"电脑达人",就把他叫过来了。没想到,他三下五除二就修好了。这个让我头疼的扶贫对象,现在摇身一变成了村里的电脑高手,成了村委会离不开的助手。这也让小伙子树立起了自信心,慢慢地不再"宅"着了。后来村里的大事小情都有他的身影,他也成了村里事务的"百事通"。

这3年,是我最难忘的3年。我从一个乌兰牧骑队员,转变为一个普通却光荣的驻村干部,离群众更近,也就更能想群众之所想了。3年中的艰辛和付出,成了我人生中最宝贵的精神财富。

▲ 2007年表演舞蹈《欣欣向荣的苏尼特》

难忘的大年三十儿

杨 洋

出生于1990年7月,汉族。2005年考入苏尼特右旗乌兰牧骑,专业为舞蹈,多能为木偶剧表演。2018年,表演的三人舞《苏尼特·布斯贵》在第十五届中国·内蒙古草原文化节首届乌兰牧骑新人新作展演中获表演一等奖。2021年10月,参加内蒙古军区第九次党代会"北疆卫士心向党"汇报演出,获曲艺类一等奖。曾赴美国、德国、奥地利、蒙古国等国家交流演出。2017年12月20日,参加中央电视台"温暖2017"晚会。2017年12月29日,参加全国政协新年茶话会文艺演出。2018年,参加了中央电视台春节联欢晚会演出。

提起过年，大家首先想到的场景一定是陪在家人身边吃着年夜饭，看着春晚。但2018年的春节对于我来说格外不同，我们乌兰牧骑接到一个很光荣的演出任务，要去首都北京参加央视春节联欢晚会。我们都兴奋不已，怀着激动的心情，奔向央视春晚的舞台。

大年三十晚上，临近零点报时环节，主持人在台上进行着新年的倒计时，我第一次在现场听到这个声音。新年的钟声敲响后我们就要踏上舞台，虽然我们的节目时间不长，那场景却深深地烙印在我的记忆里。春晚结束后我们离开中央电视台演播厅时，已是凌晨两点钟。走在首都宽敞的大街上，看着万家通明的灯火，听着"噼里啪啦"的爆竹声，我们都有些想家了。

我们以为回酒店只能卸装睡觉了，可到了酒店才发现，孟克队长早在自己的房间里安排了特殊的年夜饭，大家欢快地聚拢在一起，欢声笑语瞬间充满了屋子，大家被温暖包围，满桌的饭菜让我们感受到了家的味道。此刻我们是幸福的，其实我们苏尼特右旗的所有队员们就是一家人，多年的创作、排练、下乡、演出，早已把我们变成了相亲相爱的一家人了。

▲ 2018年在春晚现场

和平是永恒的旋律

文都苏

1991年出生于镶黄旗，蒙古族。2014年考入苏尼特右旗乌兰牧骑。声乐专业，擅长大提琴演奏、小品表演。2017年10月，赴非洲布隆迪共和国进行对外文化交流演出。2018年12月，在北京参加全国政协2018年新春茶话会演出。2018年，参加了中央电视台《马背上的牧歌》春晚特别节目录制。在全区第四届"草原金秋"歌曲大赛中荣获优秀奖。2021年11月，在内蒙古军区第九次党代会"北疆卫士心向党"汇报演出中荣获曲艺类一等奖。

2017年10月，我们乌兰牧骑前往位于非洲中东部的布隆迪共和国进行文化交流演出。我们演出的地方是位于布隆迪共和国首都布琼布拉市的布琼布拉大学。我们在这里演出了两场，第一场演出前，中国大使馆向布隆迪共和国政府及各国驻布隆迪共和国大使馆发出邀请函，布隆迪共和国副总统和各国大使前来观看了我们的演出。第二场演出是为布琼布拉大学的师生表演的。我们演出的剧院是一座具有300多年历史，拥有300多个观众席的剧院。由于历史悠久，里面的设施多已陈旧，据说这是本地最好的剧院。观众对我们的节目产生了浓厚的兴趣，我们的演出受到了热烈的欢迎。

我们对这里的一切充满了好奇，用心了解、感受当地的文化艺术和人文环境，学到了不少东西。布隆迪共和国有一种鼓舞，已被列入世界非物质文化遗产，这种鼓的制作方式是将木墩挖空制作鼓圈，用动物的皮做鼓面。据说制作这种鼓的木材是本国境内生长的一种树木。不论男女他们都能头顶二三百斤的大鼓，边敲边舞动身体，就像我们的女演员跳顶碗舞，他们随着鼓点的节奏，欢快地翩翩起舞，鼓点的节奏不断地变换，鼓手以各种不同的动作、姿态轮番表演，阵势颇为壮观。演出结束后，一群当地孩子围着我们，我们将自己带的一些物品送给了孩子们。

这次的交流演出，与其说是文化交流，不如说是一次爱国主义教育和崇尚和平、铸牢中华民族共同体意识的政治课。我们深深地体会到，在党的领导下，我们过着多么和平、安宁和无限美好的生活。我作为一名乌兰牧骑队员，将牢记自己的使命，为实现中华民族伟大的复兴梦贡献自己的一份力量！

▲ 2017年，在布隆迪共和国首都布琼布拉进行文化交流演出

第四章

永远的『红色文艺轻骑兵』

采访札记

习近平总书记给苏尼特右旗乌兰牧骑队员们回信,所肯定的不仅仅是苏尼特右旗乌兰牧骑,也不仅仅是内蒙古乌兰牧骑这个群体,而是体现了以习近平同志为核心的党中央对文艺工作的高度重视,对以乌兰牧骑队员为代表的广大基层文艺工作者的亲切关怀和殷切期望。

乌兰牧骑是党的民族政策和文艺方针在边疆少数民族地区的成功实践,是党与基层群众密切联系的桥梁和纽带。自1957年中国第一支乌兰

牧骑诞生在锡林郭勒盟苏尼特右旗以来,这支"红色的嫩芽"已枝繁叶茂,遍布内蒙古大草原。经过60多年的磨砺,乌兰牧骑一路走来,撒下一路情,开了一路花,结出了一串串丰硕的果实。如今乌兰牧骑队员们仍然默默无闻地在为基层农牧民送歌献舞,用自己的歌声、舞姿讴歌着共和国的改革发展,谱写着中华民族伟大复兴的时代篇章,为祖国边疆的稳定,为各民族的团结进步、共同繁荣发展锲而不舍地无私奉献着。乌兰牧骑精神就是一种永不放弃、坚韧不拔的精神。永葆初心不变,永葆旗帜鲜艳,乌兰牧骑始终坚守着。

  60多年的实践证明,无论时代如何变迁,乌兰牧骑服务于基层广大人民群众的宗旨没有改变,普及社会主义先进文化和传承弘扬民族优秀文化的使命永没有改变。乌兰牧骑始终与时代、与人民同呼吸共命运,始终受

李勇/摄影

到最基层人民群众的信任与热爱。

习近平总书记回信后苏尼特右旗乌兰牧骑新任的"80后"队长扎那,作为新一代"中国第一支乌兰牧骑"队长,曾经为如何呵护好这至高无上的荣誉、起到"旗帜"的作用而感到压力很大,但在深入学习习近平总书记回信精神的过程中,他豁然开朗,找到了乌兰牧骑"歌声常新,草原常青,旗帜鲜艳,青春永在"的法宝所在。

苏尼特右旗乌兰牧骑,只是全区75支乌兰牧骑深入学习贯彻习近平总书记回信精神的乌兰牧骑团队的一个缩影和典型代表。为了更全面地深入了解内蒙古75支乌兰牧骑的情况,我们还采访了内蒙古自治区直属乌兰牧骑、翁牛特旗乌兰牧骑、兴和县乌兰牧骑、集宁区乌兰牧骑、克什克腾旗乌兰牧骑、宁城县乌兰牧骑、土默特左旗乌兰牧骑、额济纳旗乌兰牧骑、杭锦后旗乌兰牧骑、满洲里市乌兰牧骑等的队长或者队员们,尽管他们的身份不同,从各自不同的角度出发,但是他们总会把主题归结到把各自工作落实到习近平总书记回信精神上来。

在党和国家的亲切关怀下,在各级党委、政府对边疆少数民族地区文化艺术事业的大力支持下,乌兰牧骑由一驾马车、9名队员发展到现在的75支队伍3500多名队员,它从苏尼特草原走来,由内蒙古走向全国各地,又从中国走向世界。从艺术内容融合、艺术形式融合、表演方式融合等很多细处,润物无声地推动了各民族文化的交往交流交融。乌兰牧骑以文艺的方式诠释着对党的忠诚和热爱,在乌兰牧骑人心中,"草原儿女心向党"是一句歌词,更是一句誓言。在不同的历史时期,乌兰牧骑红色基因薪火相传,从未改变。创建初期,乌兰牧骑就确立了短小精干、深入基层、艰苦奋斗的建队方针,队员们赶着勒勒车跋涉在茫茫大草原上,把丰富多彩的节目送到了农牧民身边。进入新时代,乌兰牧骑人不忘初心,传承红色基因,牢固树立"四个意识",以实际行动在思想上政治上行动上同以习近平同志为核心的党中央保持高度一致。

60多年来,他们扎根基层、深入一线,足迹踏遍了内蒙古的广袤草原,累计创作演出1.3万多个节目,为群众演出36万多场次,创造了内蒙古文化发展史上的奇迹。他们始终坚持做到人民在哪里、哪里就是中心,生活在哪里、哪里就是舞台,形成了"集体巡回、以点带面、点上生根、普遍开花"的鲜明特点和活动特色。他们在为广大农牧民演出服务的同时,还把演出服务的阵地延伸到街道社区、企业学校、军营哨所。尽管面临着重重困难,但他们一直保持着每年下基层惠民演出不低于100场的频次。他们把为农牧民服务鲜明地写在自己的旗帜上,落实到自己的行动中。老一代乌兰牧骑队员在条件艰苦的情况下,坚持与群众同吃同住同劳动,在演出之余,为牧民挑水做饭、打扫院落、剪羊毛、修电器;新一代乌兰牧骑队员担任帮扶干部、第一书记,为群众找项目、打机井,不仅活跃在演出的舞台上,还奋战在脱贫攻坚和乡村振兴的战场上。尽管时代在变,服务的方式在变,但乌兰牧骑为人民服务的传统始终没有变。他们传承优良传统,牢记着习近平总书记的谆谆教诲:扎根生活沃土,服务牧民群众,推动文艺创新。他们更是牢记着习近平总书记的殷切期望:永远做草原上的"红色文艺轻骑兵"!

发挥好中国第一支乌兰牧骑的"旗帜"作用

扎 那

1983年6月出生于苏尼特右旗,蒙古族。2006年7月考入苏尼特右旗乌兰牧骑。2010年3月至2015年7月在中央民族大学教育学院音乐学专业学习,2016年5月至2021年5月任乌兰牧骑副队长,2018年8月担任乌兰牧骑党支部副书记,2021年5月任乌兰牧骑队长,2021年8月至今任乌兰牧骑党支部书记兼队长。

2017年被评为锡林郭勒盟优秀乌兰牧骑队员,2019年被评为苏尼特右旗优秀党员,2021年被评为锡林郭勒盟先进工作者。

扫码欣赏

合奏《四峰之乡》

我叫扎那，是一名"80"后的乌兰牧骑队员，2021年被组织任命为苏尼特右旗乌兰牧骑的队长。上任之初，我思想上的压力也非常大。作为习近平总书记给我们回信后的新一任乌兰牧骑队长，如何带领"中国第一支乌兰牧骑"传承优良传统、赓续红色血脉，在新时代传递好党的声音和关怀，为广大农牧民送去欢乐和文明，保持、呵护好习近平总书记和党中央给予的崇高荣誉，继续发挥好习近平总书记赋予的"全国文艺战线的一面旗帜"的作用，与全区乌兰牧骑一同永远做草原上的"红色文艺轻骑兵"，这个担子太重了，我能不能扛起来，心里一直是在打鼓的。

2021年我刚上任，恰逢习近平总书记在中国文联十一大、中国作协十大开幕式上发表重要讲话，其中一段感触颇深："广大文艺工作者只有深入人民群众、了解人民的辛勤劳动、感知人民的喜怒哀乐，才能洞悉生活本质，才能把握时代脉动，才能领悟人民心声，才能使文艺创作具有深沉的力量和隽永的魅力。"结合总书记给我们的回信中所强调的，"乌兰牧骑的长盛不衰表明，人民需要艺术，艺术也需要人民"，作为多年来在百姓中间演出的乌兰牧骑一员，我的工作思路也逐渐清晰起来。

乌兰牧骑意为"红色的嫩芽"，象征着让红色文化生根发芽，这需要把根深深扎进生活沃土，扎进百姓心里。茫茫草原，地广人稀，怎样把党中央的声音更好地传递给农牧民？怎样让农牧民们的文化生活丰富起来？我们的演出方式、作品内容，需要因地制宜，与时俱进跟着农牧民的实际需求走。为此，老一辈队员们组建了"上马就走、下马就演"的小型综合文化工作队。老一辈乌兰牧骑队员吃苦耐劳、可歌可泣的事迹，是我们丰富的精神遗产，永远激励着我们前进。对于乌兰牧骑来说，光荣传统来之不易，我们必须倍加珍惜决不放弃。应该说这些传统构筑了乌兰牧骑坚实的基础，继承发扬这些光荣传统，我们的乌兰牧骑才能做到"歌声常新，草原常青，旗帜鲜艳，青春永在"。

自1957年6月中国第一支乌兰牧骑成立以来，这个传统延续至今。一代又一代队员们不断探寻让老百姓看得懂、看得开心的好的节目、好的宣传形式。时代不断进步，乌兰牧骑初心不改，脚步不停。从建队初期举着红旗、赶着马车向偏远牧区进发到乘坐大巴车、流动舞台车去基层演出，设备设施更新升级，我们演出的舞台更大了，服务的百姓也更多了。村镇、嘎查、哨所、厂矿、学校、养老院、社区……乌兰牧骑为农牧民送去精神食粮，把欢歌笑语撒向草原的各个角落。尽管农牧民居住分散，演出时观众时多时少，甚至有时只有三五个人，但我们坚持传统，不管人多人少，都会投入百分之百的感情用心用情演。与大型艺术团体不同，一支乌兰牧骑一般只有二三十人，作品类型却要丰富多样，以此满足乡亲们的不同需要。队员们必须要"一专多能"，唱歌的会主持，跳舞的会乐器，小舞台融合了吹、拉、弹、唱、舞等各类艺术表现形式。

"演出就是采风，采风就是创作"是我们的创作理念和方法。现在，我所在的苏尼特右旗乌兰牧骑每年100场演出中，绝大部分都是在农牧区基层。边演出边交流，在演出和行进中感受风土人情，灵感自然就来了。我们经常是一场演出结束

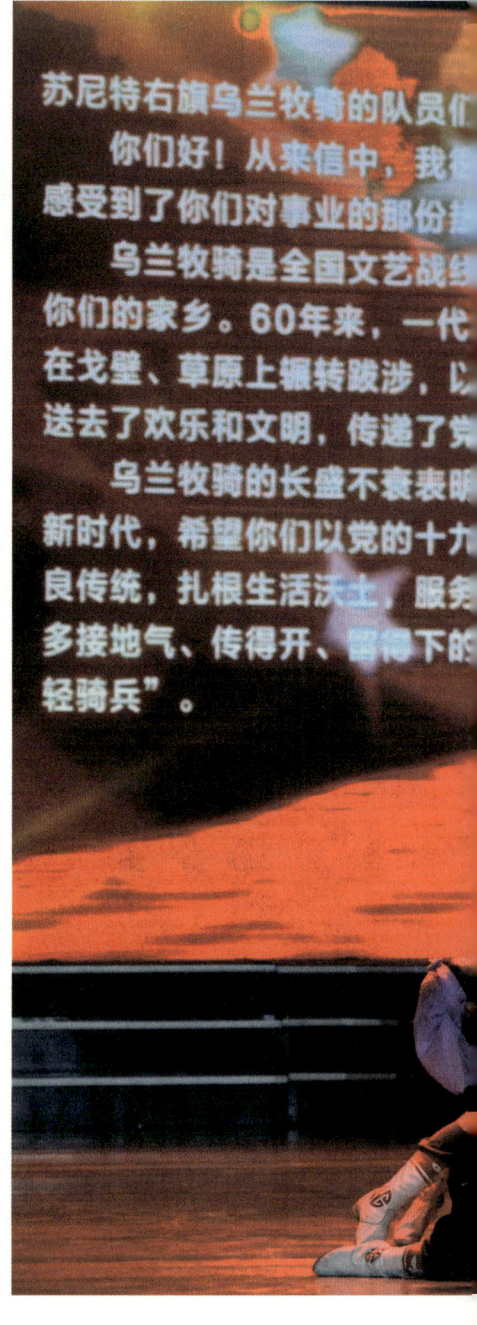

▲ 2018年11月21日，在苏尼特右旗影剧院专场演出《一支轻骑兵从这里出发》

后,和观众聊出了灵感,想到了题材,就在大巴车上写下一两段曲谱,一两段歌词,边走边演边补充。这种创作方式赋予作品接地气、好传播的艺术特质。比如,我们的经典作品《打草舞》《接羔舞》等就源自牧民平日生产中的储草、接羔等活动。每年秋天,为解决牛羊过冬度春的饲料问题,牧民们会囤积牧草料,这一过程被称为"打草",乌兰牧骑的队员们把这一系列动作编入舞蹈中,跳出了牧民们丰衣足食的喜悦和满足。不少牧民看着看着就会说:"这演的不就是我们自己嘛!"

　　走近百姓,我们就有了衡量作品的尺子和提高创作水平的方法。在基层演出,作品可以获得直接反馈。新作品在乡亲们的检验中不断打磨,最终形成观众喜闻乐见的"版本"。在这个过程中,队员们积累了丰富的创作经验,创作时我们的心里也有了标准:乡亲们能不能接受,得观察他们看了节目以后是点头还是摇头。渐渐地,我们这些乌兰牧骑队员们走进了百姓心里。大家愿意和我们拉家常,有时还会给作品创新提供好点子。有一次,观众看完演出拿着手机跟我们说:"短视频、直播里的歌舞好看,而且看着方便,咱们乌兰牧骑要不要试试?"队员们马上想到:是啊,现在大家都用手机看短视频和直播,我们也应该跟上形势。于是抓紧在新媒体平台开设账号,架起手机、摄像机,拍摄文艺作品和公益短视频,并在网络上做起演出直播,获得网友们的关注和点赞。这一服务形式的创新,源于观众的文化需要,也启示我们时刻关注百姓在想什么、看什么,牢牢扎根基层。

　　乌兰牧骑自诞生之日起就注入了红色基因。60多年来,苏尼特右旗乌兰牧骑用文艺弘扬正能量,为铸牢中华民族共同体意识贡献了力量。今后我们会继续紧跟时代步伐,充分发挥红色文艺轻骑兵的"旗帜"作用,扎根生活沃土,服务牧民群众,推动文艺创新,以饱满的热情为群众奉献更多更好的精神食粮。

(苏尼特右旗　扎那)

群众的满意是对我们最大的褒奖

张 琳

1984年1月出生于内蒙古兴和县,汉族,中共党员,国家三级演员。擅长声乐、表演、创作等。2022年8月,主演的大型原创剧目《苏木山》获第六届内蒙古二人台艺术节自治区大型剧目二等奖,创作的二人台小戏《军民鱼水情》获编剧三等奖;2022年12月,获全国"新文化 新风尚"第七届"天穆杯"小品展演导演奖、编剧奖;2023年7月,编导的音乐快板《精神指引永向前》获首届自治区曲艺大赛优秀奖;2023年8月,获得"点亮北方戏窝子——康宝邀约"2023年冀蒙晋陕四省区二人台艺术周表演奖;2023年9月,作曲的歌曲《农村老家富裕了》获"村歌嘹亮"内蒙古赛区优秀奖。

内蒙古乌兰牧骑学会理事、乌兰察布市戏曲家协会理事,曾获乌兰察布市三八红旗手、兴和县三八红旗手标兵等荣誉称号。

习近平总书记给苏尼特右旗乌兰牧骑队员们的回信，为我们指明了前进的方向。

兴和县乌兰牧骑在总书记回信精神的指引下，深入开展"送欢乐 送文明"基层综合志愿服务活动，服务内容包括文艺演出、对当地的秧歌队进行文艺辅导、党的创新理论的宣传、习近平总书记重要讲话精神宣讲、"四史"知识宣传、铸牢中华民族共同体意识宣讲宣传、为老弱病残留守老人送温暖等。

活动中我们组成好几个小分队，深入兴和县农村牧区30多个乡镇偏远地区，为当地的群众送去精彩的文艺演出和多项服务。无论天气多么的寒冷，都能看到我们乌兰牧骑队员的身影。虽然冒着严寒，但每当看到群众脸上露出的笑容，听到群众的欢呼喝彩，我们队员的心里就涌出了一股暖流，激励着我们每一位小分队的志愿者，不忘初心，始终牢记习总书记的嘱托，永远做好合格的草原上的"红色文艺轻骑兵"。

群众的口碑是最好的奖杯。记得赴鄂尔栋镇木栋村演出时，连续数日的降雪，天气格外寒冷。当天的演出活动宣传的内容很多，持续时间很长，但队员们工作激情并没有受到天气的影响，反而更加热情似火。

清积雪、搬道具、发资料，队员们的手都冻麻了。赤手拿着冰凉的话筒站在寒风里，依然激情满满地表演着每一个节目。由于天气寒冷，刚一开始宣传的时候人还比较少，渐渐地，村民们都寻着高亢的歌声，聚在了一起。演出结束后几位大爷帮着我们抬东西的时候说道："这么冷的天，还以为你们不来了，你们是真心为人民群众服务了！"这一句话，听得我们每一位队员内心都满满的感动和温暖，感到再苦再累也是值得的。能够把党的方针和政策用老百姓看得懂、爱看的文艺形式传递到人民群众的身边去，是我们红色文艺轻骑兵的使命和责任。

我们兴和县乌兰牧骑不仅为当地的老百姓们送去欢声和笑语，还组织了小分队进村入户,为文艺爱好者一对一辅导器乐演奏、声乐表演、合唱练习、秧歌排练等,把文化艺术辅导传递到每一位爱好者身边。无论刮风下雪,队员们依然常态化去探访留守老人,送演出上门,并帮助他们打扫卫生、清理积雪,为老人们送去寒冬里的温暖,让他们坐在家里就能看到乌兰牧骑的文艺演出,感受到党的温暖和关怀。

沿着兴和县乌兰牧骑前辈们的足迹,从1966年建队到现在,50多年来,我们一代代乌兰牧骑队员迎风雪冒寒暑,以天为幕布,以地为舞台,为广大农牧民送去了欢乐和文明,传递着党的声音和关怀。乌兰牧骑是党一手创建的文艺工作队伍,血液中流淌着永不改变的红色基因。哪里有人民哪里就是舞台;哪里有需要,就把演出送到哪里。扎根基层,服务人民,是我们乌兰牧骑人永远不变的宗旨。

（兴和县乌兰牧骑　张琳）

人民需要什么样的文艺

成晓强

　　1976年出生,汉族,中共党员,毕业于中国戏曲学院戏剧影视文学专业,一级演员。现任乌兰察布市集宁区乌兰牧骑队长。中国戏剧家协会会员、内蒙古戏剧家协会会员、内蒙古青联委员、内蒙古乌兰牧骑学会理事、乌兰察布市舞蹈家协会副主席、集宁区舞蹈家协会主席、乌兰察布市艺术学校客座教授。

集宁区乌兰牧骑深入贯彻落实习近平总书记给苏尼特右旗乌兰牧骑队员们的回信精神,创新工作方式,面向基层群众进行慰问演出、文艺讲座、文艺辅导、文艺惠民服务等,通过传思想、传政策、传道德、传文化、传技能,努力在打通宣传群众、教育群众、关心群众、服务群众的"最后一公里"中积极作为,2020—2021连续两年荣获"自治区先进基层文艺院团"荣誉称号。

基层群众需要什么样的文艺

"乌兰牧骑的长盛不衰表明,人民需要艺术,艺术也需要人民。"习近平总书记在给苏尼特右旗乌兰牧骑队员们的回信中,深刻揭示了文艺是以人民为中心的重要思想。到人民中间去,这是草原上"红色文艺轻骑兵"一直坚持的方向。

我们发现,近些年来新创小品、小戏等节目更受群众喜爱,需要我们根据不同基层服务点实际,对接群众需求,创新服务方式,组织开展有针对性、实用性的文艺创作活动,为群众提供精准化文艺服务。

文艺对当下社会问题的关注符合人民的期待,才能体现出接地气、有温度的情怀与担当。以何种文艺形式恰当、贴切地表述人民的所需和所感,是我们始终在思考和探索的问题。在党的号召和指导下,广大文艺工作者深入人民群众之中,以小品、小戏、相声、快板、秧歌等群众喜闻乐见的艺术形式和日常白话、口语等人民群众易于接受的语言样式编创文艺节目,把关注点放在基层人民喜爱的艺术形式与审美体验的有效融合上,用普通百姓喜欢的文艺形式去演他们的身边人,身边事。

习近平总书记强调,源于人民、为了人民、属于人民,是社会主义文艺的根本立场,也是社会主义文艺繁荣发展的动力所在。把人民满意不满意作为检验艺术的最高标准,让文艺的百花园永远为人民绽放。习近平总书记的重要论述，对于我们正确认识和深刻把握文艺的人民性特别是舞台的人民性问题具有重要的指导意义和深远的现实意义。

怎样创作生产出更接地气的文艺作品

连续多年来，集宁区乌兰牧骑每年文化惠民演出都达到140场次以上，特别是2021年，围绕"乌兰牧骑+"，我们在服务内容、服务形式上进行大胆创新，将文艺创作、文化服务和文明传播相融合，探索建立"乌兰牧骑进万家"实践活动新模式，派出10多支乌兰牧骑小分队走进乡镇街道和社区，组建"乌兰牧骑+科技""乌兰牧骑+医疗""乌兰牧骑+金融""乌兰牧骑+司法""乌兰牧骑+农牧"等综合服务队伍，开展文艺辅导、传帮带活动、专项服务、集中示范服务，全年达到600余场次，将乌兰牧骑真正打造成为"流动的新时代文明实践中心"，并逐步培育形成在全区叫得响的"乌兰牧骑进万家"特色服务品牌，为文明创建助力，为文明城市增色。同时积极与内蒙古军区对接合作，组建乌兰牧骑民兵连分队，扎实开展送文艺进军营活动，进行民兵集中训练，参加"北疆卫士心向党"内蒙古军区第九次党员代表大会乌兰牧骑民兵连文艺演出，受到自治区和市级有关部门的表彰和肯定，为全区经济社会发展、文化艺术繁荣作出了贡献。

到生活中去、到人民中去，感受时代翻天覆地的巨大变化、感受人民积极向上的精神力量，才能把时代精神熔铸到作品当中，创作符合时代审美的作品。我们在宣传脱贫攻坚和慰问孤寡老人的活动中，队员们热情地为老人们打扫院落和修缮住房，和老人们亲切地聊起家常，询问他们的生活状况，帮助他们解决问题，让老人们感受到党和政府的关怀和温暖，为构建和谐社区营造了良好的氛围。

深入生活，不只是获得创作素材，更重要的是接受心灵的洗礼，也只有深入生活，才能真正做到扎根人民。人民不是抽象的符号，而是一个一个具体的人，有血有肉，有情感，有爱恨，有梦想，也有内心的矛盾和挣扎。作为新时代的乌兰牧骑队员必须深入人民的精神世界，要将自己的创作目光聚焦建设社会主义现代化强国进程中的人民大众，从中感知他们内心的律动，表现他们日常生活与精神风貌。

集宁区乌兰牧骑一直是以需定送，精准服务，并将"永远做草原上的红色文艺轻骑兵"主题活动纳入集宁区新时代文明实践中心点单系统，积极探索"点单"式服务方式，实现"供""需"精准对接。建立"群众点单、主管部门派单、乌兰牧骑接单、农牧民群众评单"的"四单"服务机制，激励乌兰牧骑队员们用心用情用功抒写伟大时代，不断推出讴歌党、讴歌祖国、讴歌人民、讴歌英雄的精品力作，主动承担起举旗帜、聚民心、育新人、兴文化、展形象的使命任务。发扬乌兰牧骑精神，通过常态化送文艺、种文艺，满足广大人民群众美好精神文化生活需求，让人民群众深切地感受到全面小康带来的获得感、幸福感。

（集宁区乌兰牧骑　成晓强）

 永远做草原上的"红色文艺轻骑兵"

道日娜

1978年10月出生于赤峰市巴林左旗,蒙古族,中共党员,本科学历,国家二级演员。1995年5月参加工作,2003年7月调到克什克腾旗乌兰牧骑工作,声乐演员,2005年5月到2022年4月任克什克腾旗乌兰牧骑队长、党支部书记,2022年4月至今在克什克腾旗总工会工作。

曾获得内蒙古自治区"五个一工程"奖。2017年围绕全旗脱贫攻坚工作,在全旗67个贫困嘎查村中巡回开展以"同心奔小康、共圆中国梦"为主题的文化惠民演出活动。先后带领乌兰牧骑完成了多场国内文化旅游推介演出任务并且赴非洲坦桑尼亚访问交流演出,在国际舞台上展现了乌兰牧骑风采。曾荣获"自治区文化系统先进个人""自治区五一劳动奖章""自治区劳动模范(先进个人)"等荣誉称号。

2017年11月21日，习近平总书记给苏尼特右旗乌兰牧骑的回信如一盏明灯，又一次照亮了我们乌兰牧骑前进的道路。乌兰牧骑作为全国文艺战线上的一面旗帜，是有着浓郁民族特色的党的红色文艺工作队伍，成立60余年来一直扎根生活沃土，将欢乐和文明的种子撒在广大农牧民的心间，将党的声音和关怀传递到各族干部群众心中。

克什克腾旗乌兰牧骑始终坚持深入学、反复学、长期学习近平总书记的回信精神，用心体悟、用情感受、用力贯彻，在新时代大力发扬乌兰牧骑光荣传统，不辜负总书记的重托和期望。

习近平总书记回信以来，我们创排多个贴近生活、贴近人民、贴近现实的文艺作品。新编创作节目有歌曲《逆行者》《爱在心中绽放》，民族团结文艺作品《五十六个民族一家亲》《繁花如你》《爱家乡》《心中的故乡》《我的爱人》《骑着马儿游草原》，呼麦《勇士赞》，好来宝《新呼德》，舞蹈《永不褪色的演出服》《欢腾草原》《草原上的萨日朗》《天鹅湖》，马头琴齐奏《贡格尔河的倾诉》，建党100周年文艺作品《新时代的青年》《感谢共产党》《唱首赞歌给党听》《和您一起》等。

我们以"乌兰牧骑+文艺+宣讲"的形式深入到农村牧区、军营、学校、社区、厂矿企业、景区等开展"百团千场下基层惠民演出""党旗高高飘扬基层综合服务""永远跟党走乌兰牧骑活动月""促进民族团结、助力乡村振兴""草原儿女心向党 中华民族共团圆""铸牢中华民族共同体意识""送欢乐送文明"基层服务活动等系列主题演出活动每年都不低于100场次。

我们全队不忘初心，牢固树立以人民为中心的发展思想，继承发扬乌兰牧骑优良传统，紧扣时代主题，坚持把全心全意为农牧民服务的根本宗旨落实到每场演出中、体现在具体行动上。保持干事创业激情，继承和弘扬乌兰牧骑忠诚于党、热爱人民、吃苦耐劳、甘于奉献、团结拼搏、勇于创新的精神。真正为群众办实事、办好事、解难事,不断提升群众的获得感、幸福感。不断创新宣传服务形式,把党的声音传遍农村牧区,让党的温暖和关怀流淌在农牧民群众的心间。

  我们决不辜负习近平总书记和党中央对我们的殷切嘱托,把农牧民群众作为文艺创作的源头活水,扎根生活沃土,保持队伍短小精干、演员

一专多能、节目形式多样的特点,继续加强文艺创作、做好文化服务,努力创作更多接地气、传得开、留得下的优秀作品,永远做草原上的"红色文艺轻骑兵"。

(克什克腾旗乌兰牧骑 道日娜)

 做新时代"红色文艺轻骑兵"

张树德

　　1963年12月生于赤峰市宁城县,蒙古族,中共党员,国家一级演员。1979年考入宁城县乌兰牧骑,擅长戏剧表演、歌曲演唱,编导、作曲、作词等。1979年9月至1990年5月为宁城县乌兰牧骑演员、演出队队长,1990年6月担任宁城县乌兰牧骑业务副队长,1995年4月至2003年4月担任宁城县乌兰牧骑党支部书记兼副队长,2003年5月至2023年12月任乌兰牧骑党支部书记兼队长。

　　主要作品有《红石山》《神鹿情缘》《忠诚》《烽火宁城》《情在山乡》《牛玉儒和他的亲人们》《真情》等百余个戏剧、小品、歌曲、曲艺作品。

　　曾获得原文化部"优秀青年演员奖",中国评剧艺术节"表演一等奖""优秀表演奖",全区文化科技卫生"三下乡"先进个人,5次获得内蒙古自治区精神文明建设"五个一工程"奖,3次获得内蒙古自治区文学艺术创作"萨日纳"奖,2次获得内蒙古自治区地方戏展演"优秀表演奖",内蒙古自治区新人新作创作、导演"金奖"等。

习近平总书记在给内蒙古自治区苏尼特右旗乌兰牧骑队员们的回信中勉励乌兰牧骑队员继续扎根基层沃土、服务牧民群众、推动文艺创新，努力创作更多接地气、传得开、留得下的优秀作品，永远做草原上的"红色文艺轻骑兵"。

在抗击新冠疫情期间，让我们深刻认识到了作为新时代乌兰牧骑队员所担负的时代使命和责任，我们创作了歌颂战斗在一线的医务工作者的歌曲《我们珍藏你的秀发》，激励全民抗击疫情的京东大鼓《口罩》，戏歌《胜利属于人民》等，鼓舞了全县各族干部群众战胜疫情的士气和信心。

2021年是中国共产党成立100周年，我们挖掘县域红色文化资源，以三座店第一支党支部为背景，创作演出了现代评剧《忠诚》。此剧讲述了在中共承平宁联合县工委的领导及所派出的武工队指导下，三座店乌苏台洼峰水山农民杨秀章、任至善、金宝山秘密加入中国共产党，并建立了宁城地区第一个农村基层党支部，点燃了宁城抗日烽火，为配合武工队开展游击战争，发动农牧民群众，瓦解日伪统治所进行的艰苦卓绝斗争和可歌可泣的英雄壮举。

"问渠那得清如许，为有源头活水来。"文艺创作的原素材来自人民群众丰富多彩、千姿百态的生活，人民群众的本真生活就是最真实、最有力的素材。习近平总书记指出："人民是文艺创作的源头活水，一旦离开人民，文艺就会变成无根的浮萍、无病的呻吟、无魂的躯壳。"我们宁城县乌兰牧骑常年工作和生活在农牧民群众中间，始终与农牧民群众保持着一种血肉相连的密切关系。我们创作了短剧《美丽家园》《生日》，表演唱《笑满农家院》，器乐合奏《草原上升起不落的太阳》，舞蹈《紫蒙烽火》《母亲是中华》《没有共产党就没有新中国》，歌曲《家乡的苹果红了》《云中草原》，快板《咱农民快乐的日子》《国家安全记心中》，相声《我的祖国》，京东大鼓《东方赞》《民族团结铸长城》《环保安全记心间》等数十个作品，这些作品来源于基层生活，通俗易懂接地气，为广大人民群众送去了欢乐和文明。

乌兰牧骑是党一手创建的红色文艺工作队伍，血液中流淌着永不改变的红色基因。我们围绕铸牢中华民族共同体意识，积极参加"铸牢中华民族共同体意识"主题巡回宣讲和"民族团结创建月"等活动，创作演出了表演唱《绣红旗》《脱贫路上当自强》《同仇敌忾》《信念》等群众喜闻乐见、形式多样的文艺节目。以宣讲的形式围绕"习近平总书记重要讲话精神""党的最新会议精神""宁城红色故事"进行宣讲、演出，以"行走的党课"，服务基层，服务人民，用群众听得懂、听得进的话语，宣传党的创新理论和为民惠民政策，坚定全县各族干部群众感党恩、听党话、跟党走的信念。

宁城评剧是自治区级非物质文化遗产，评剧艺术在宁城这片土地得到了发展，得益于一代又一代评剧艺术传承人的传承与创新。如今，我们的乌兰牧骑队员在宁城评剧的曲调上，吸收了蒙古族的长调、呼麦等民族音乐的优点，伴奏中加入了马头琴、胡笳等民族乐器，使音乐、唱腔更丰富。《花为媒》《红丝错》《烽火宁城》3部作品就是这样创作出来的。

习近平总书记给内蒙古自治区苏尼特右旗乌兰牧骑队员们回信以后，我们宁城县乌兰牧骑的队员们备感鼓舞、振奋，我们更要不忘初心，勇担使命，为乌兰牧骑事业的发展、为自治区文化艺术的繁荣作出自己应有的贡献。

（宁城县乌兰牧骑　张树德）

牢记嘱托,勇担使命

吴 恩

1969年2月出生,蒙古族,巴林右旗人,中共党员,本科学历,国家二级演员。中国音乐家协会会员,内蒙古音乐家协会键盘学会理事,赤峰市音乐家协会副主席,赤峰市音乐文学学会翁牛特旗分会主席。

1987年到翁牛特旗乌兰牧骑工作,1998年10月至2012年11月任乌兰牧骑副队长,2012年11月至今任乌兰牧骑队长。

创作的作品有歌曲《远方的亲人》《花谢了还会开》《龙之歌》《我的家乡翁牛特》《草原啊我的母亲》《父母》《我的马头琴》《60岁的阿爸》《春雨》《阿嘎藤花》《兄弟姐妹一起走》《情暖龙乡》《心爱的故乡》《月亮就停在那里》《和谐乌丹》等。

2018年创作的歌曲《乌兰布日嘎苏》荣获全区乌兰牧骑新人新作品比赛创作金奖,2019年8月参加全区"草原金秋"声乐比赛中作品《额日和敖包》荣获创作奖。

翁牛特旗乌兰牧骑成立于1957年6月25日,是全国最早成立的两个乌兰牧骑试点单位之一。60多年来,一代代乌兰牧骑队员迎风雪、冒寒暑,长期在戈壁、草原上辗转跋涉,奉献自己的青春,为基层的农牧民带去精神文化,形成了独特的"乌兰牧骑精神"。2019年7月15日至16日,习近平总书记在内蒙古赤峰市考察时指出,乌兰牧骑是内蒙古这个地方总结出来的经验,很接地气,老百姓喜闻乐见,传承了优秀传统文化。新时代加强精神文明建设,要通过文化市场化发展满足群众多方面精神文化需求,但乌兰牧骑这种直接为老百姓服务、为基层服务的文艺活动永远不会过时,要继续大力提倡、支持、扶持和推广。

习近平总书记给苏尼特右旗乌兰牧骑队员的回信中说:"乌兰牧骑的长盛不衰表

明,人民需要艺术,艺术也需要人民。在新时代,希望你们以党的十九大精神为指引,大力弘扬乌兰牧骑的优良传统,扎根生活沃土,服务牧民群众,推动文艺创新,努力创作更多接地气、传得开、留得下的优秀作品,永远做草原上的'红色文艺轻骑兵'。"

乌兰牧骑被总书记寄予了殷切的期望,翁牛特旗乌兰牧骑从诞生之日起,就扎根在群众身边,以蓝天为幕、以草地为台,为广大农牧民送去了丰富多彩的节目。历史在前进,翁牛特旗乌兰牧骑为人民服务的初心从未改变。60多年来,我们始终扎根草原、服务牧民群众,保持"短小精干、一专多能、小型多样、轻便灵活"的特色,感党恩、听党话、跟党走,在时光的变迁中焕发出新的生机,初心不改。翁牛特旗乌兰牧骑恪守"红色文艺轻骑兵"的使命担当,无论观众多少都有求必应,无论场地优劣都"见缝插针",无论严寒酷暑都坚持演出,无论生活好坏都以苦为乐,无论路途远近都送戏上门,无论时间早晚都接送观众,为农牧民带去丰富多彩的节目。从戈壁到草原,乌兰牧骑的车走到哪里,哪里就撒下串串歌声、片片笑语,牧民们亲切地称乌兰牧骑为"玛奈(我们的)乌兰牧骑"。我们响应号召推出翁牛特旗乌兰牧骑的"六个队建设":建成党的创新理论的"宣讲队"、建成铸牢中华民族共同体意识宣传教育的"示范队"、建成党和国家为民利民惠民政策的"宣传队"、建成"我帮你"新时代文明实践的"志愿服务队"、建成满足人民文化需求和增强人民精神的"文艺队"、建成最强党支部建设的"标兵队",翁牛特旗乌兰牧骑真正地成为宣传普及党的新思想、新理论的红色先锋。

(翁牛特旗乌兰牧骑 吴恩)

我们是草原上的"红色文艺轻骑兵"

包 蕊

1994年6月出生于通辽市科尔沁区,蒙古族。中共党员,内蒙古自治区直属乌兰牧骑舞蹈演员。

参与演出的主要作品有《盅舞》《风之马》《风的摇篮》《马背交响》《草原上的乌兰牧骑》《老家有座蒙古包》等。曾获全国少数民族文艺会演金奖、全区精神文明建设"五个一工程"奖、内蒙古自治区艺术"萨日纳"奖舞蹈表演奖等。2022年8月荣获第五届全区乌兰牧骑队员"一专多能"三等奖。

2018年参加内蒙古自治区直属机关工委组织的"牢记时代使命,争做北疆先锋"先进事迹报告会,被评为优秀共产党员。

我叫包蕊,是内蒙古自治区直属乌兰牧骑的舞蹈演员。

2017年11月21日是我们乌兰牧骑全体队员最激动、最振奋、最难忘的日子。习近平总书记给乌兰牧骑队员回信了,他勉励我们说:"在新时代,希望你们以党的十九大精神为指引,大力弘扬乌兰牧骑的优良传统,扎根生活沃土,服务牧民群众,推动文艺创新,努力创作更多接地气、传得开、留得下的优秀作品,永远做草原上的'红色文艺轻骑兵'。"作为乌兰牧骑的一员,我感到无比骄傲和自豪。

1957年,为了解决牧区文化生活匮乏的问题,周恩来总理倡议,内蒙古自治区建立了一支红色文艺宣传队,深入偏远农牧区开展文艺演出,丰富基层群众文化生活。队员们晚上演出,白天帮农牧民干活,与农牧民结下了鱼水深情。牧民亲切地称呼他们为"玛奈乌兰牧骑",意思是"我们的红色宣传队"。

1965年,在全国巡演的基础上,自治区选拔优秀队员组成了内蒙古自治区直属乌兰牧骑,在这里培养造就了一批又一批艺术家,如蒙古族著名歌唱家拉苏荣、牧兰、那顺,著名作曲家图力古尔,著名曲艺家道尔吉仁钦,著名舞蹈艺术家敖德木勒、敖登格日勒等。他们的优秀作品,成为流传极广、久演不衰的文化经典,如歌曲《牧民歌唱共产党》《乳香飘》《雕花的马鞍》,好来宝《腾飞的骏马》,舞蹈《彩虹》《挤奶舞》《顶碗舞》等,一大批文艺作品享誉中华大地。

自治区直属乌兰牧骑秉承人民需要艺术、艺术扎根人民的理念,坚持不懈地以精湛的文艺作品服务牧民群众。牧区人口少,一般看演出的观众都在十四五个人,但无论人多少,只要群众需要,队员们就全力演出。有一次队员们步行十几公里去给一个瘫痪在床的老人演出,老人边看边流泪说:"能坐在自家炕头上看演出,我真是这个世界上最幸福的人了。感谢乌兰牧骑!感谢共产党!"

我们去偏远的地方演出,交通和住宿很不方便,拆卸完舞台、整理好道具、装好大巴车已经是深夜了,队员们就只好住在老乡家里,热情的乡亲们争先恐后地抢着把我们拉回家里,拿出家里好吃好喝的款待我们,就像欢迎离家很久的孩子,掏心掏肺地拉家常。临走时,还想把家里的土特产给我们带上,见我们不收,就拉着队员们的手关切地问:"你们什么时候再来呀?"乡亲们对于乌兰牧骑队员们的这份挚爱,深深地感动着每一名队员。这就是我们的乌兰牧骑、人民喜爱的乌兰牧骑!

著名歌唱家金花老师还给我们讲过一个至今让她感动难忘的故事。一次到牧区演出,她感冒发烧,一位老额吉给她熬好了药,因为药特别苦,难以下咽,老额吉就把家里仅有的几块冰糖放到碗里,站在一旁的小孙子眼睛直勾勾地盯着奶奶手里的冰糖,孩子不解的眼神让金花老师难以忘怀,额吉的大爱更让她终生难忘。为了报答农牧民的厚爱,她不顾自己虚弱的身体和蚊虫的叮咬,一遍又一遍地为牧民们倾情演唱。

一次在去锡林郭勒盟牧区演出的途中,我们的卡车陷进了河道里,队员们弄得满身泥浆,可怎么也推不出来。天也渐渐黑了下来,车依然深陷不可动,精疲力竭的队员们感到无助和恐慌。就在这时,队员们看见远处点点亮光朝我们聚拢,原来牧民们担心我们迷路,骑着马挑着马灯找我们来了。有救了,有救了!队员们相拥着、欢呼着。牧民朋友们二话不说,迅速跳进泥水里,和我们一起推出了卡车。他们又拿出早已准备好的黄油饼和奶茶,对于饿了一天的队员们来说,感觉真是这辈子吃过的最好吃的黄油饼、喝的最香的奶茶!牧民们早早地从四面八方赶到演出地点,来不及搭建舞台,牧民朋友们就围坐在一起席地观看演出。那天晚上,牧民们和我们一起忘情地跳呀唱呀,整个草原都沸腾了,演出变成了一场欢快难忘的大聚会。

有一次,赴自治区东部演出,遇上了特大洪水,交通瘫痪,队员们被困途中，无法到达演出地点。心急如焚的团长跑到车站联系，得到的答复是，一辆车都没有了。团长恳求站长给想想办法，站长无奈地说了一句，有一辆快报废的破车，你们要是能打着就开走吧，团长像是抓住了救命稻草，两下三下，真的把车给鼓捣着了。我们开着这辆四处漏风的车匆匆地赶路，外面下着大雨，车里下着小雨，大家坐在车里打着伞，遇到坑洼不平的路面，队员们还不时地下去推车，就是这样一路颠簸摸索着前行，从早上9点一直走到夜里11点多。可第二天一早，队员们全然忘记了昨天的疲劳，依然精神焕发地投入到演出中。

那顺团长是在乌兰牧骑成长起来的著名艺术家，他把乌兰牧骑当成自己最崇高的事业，既要做好日常管理工作，又要做好节目策划编排工作，还要精心准备自己演出的节目。每天早晨7点多钟就来到单位，经常是夜里一两点钟才回到家里，有时忙得连家也顾不上回。看到他这么没日没夜地辛苦工作，身边的朋友关切地对他说："老那，你都这么大岁数了，还这么拼命干啥？"那顺老师意味深长地说："乌兰牧骑是老一辈无产阶级革命家树起的一面旗帜，是内蒙古各族人民的精神家园，也是我成长的摇篮、挚爱的事业，乌兰牧骑精神已经深深融入我的血液里。组织把这么崇

明哲／摄影

高而伟大的事业交给我，就是拼了这条老命，也要把这面红旗坚定地扛下去，让乌兰牧骑这面全国文艺战线的旗帜在内蒙古大草原上高高飘扬。"在去乡村的一次演出中，乡亲们热情地围在那顺团长身边，满怀敬意地对他说："您可是个大名人，能来我们村里演出，我们做梦也想不到呀！"那顺老师回答说："唉，我就是为你们唱歌的，只要大伙想听，我随时给你们唱。"随后他就真的把自己的电话号码留给了乡亲们。

直属乌兰牧骑除了完成规定的演出任务和参加各项专业比赛外，还要深入基层嘎查村以及边防哨卡演出，大家齐心协力搭建舞台、搬箱子、铺地毯、拉电线、扯幕布，遇到感冒、闹肚子、腿脚受伤，就打着吊瓶、缠上绷带，坚持演出。有的怕影响演出任务，就主动把婚期延后，有的中午刚举行完婚礼，下午就又投入到紧张的演出或排练中。尽管有时候他们也会因为受伤、疲劳、艰苦而私下里流过眼泪，但当看到自己的演出受到老百姓的欢迎和认可时，内心充满了无限的快乐与自豪。

为深入贯彻落实习近平总书记指示和回信精神，展现艰苦奋斗、扎根草原、服务人民、追求精湛的乌兰牧骑精神，直属乌兰牧骑还远赴重庆市以及所属的涪陵、江津、永川等地开展巡演，组织举办庆祝乌兰牧骑建立60周年精品文艺晚会和第七届内蒙古自治区乌兰牧骑艺术节，宣传和弘扬乌兰牧骑精神。还围绕精准脱贫、生态环境保护等内容编创了《幸福的牧民》《考试》等剧目，建立了微信公众平台，把党的声音和优秀文艺节目以更丰富的形态，送到了群众当中。

进入新时代、踏上新征程，我们将时刻牢记习近平总书记的嘱托，扎根草原沃土、服务牧民群众、推动文艺创新，永远做草原上的"红色文艺轻骑兵"！

（内蒙古自治区直属乌兰牧骑　包蕊）

 # 乌兰牧骑党员永做基层的"轻骑兵"

永 庆

1988年4月出生于阿拉善盟阿拉善左旗巴彦浩特镇,蒙古族,国家三级演员,2008年4月进入土默特左旗乌兰牧骑工作,2023年担任土默特左旗乌兰牧骑财务股长。

参与作品曾获第九届全区乌兰牧骑艺术节优秀奖,第八届全区乌兰牧骑艺术节表演二等奖,第七届全区乌兰牧骑艺术节银奖,个人还获得内蒙古自治区原创民族舞蹈展演金奖等。

在中华人民共和国成立后的内蒙古，有这样的一本"宣言书"、一支"宣传队"、一台"播种机"，这就是活跃在北疆大地上的乌兰牧骑。自1957年中国第一支乌兰牧骑诞生起，一代代乌兰牧骑人坚持不懈地全心全意为广大农牧民服务，他们为草原送去欢乐和文明，传递着党的声音和关怀，创作了一批经久不衰的文艺精品，树立起服务人民的光辉典范。经过60年的风雨磨炼，乌兰牧骑已经成为一块璀璨夺目的文艺品牌，为丰富民族文化、繁荣发展社会主义文艺作出了自己的贡献。

内蒙古地处祖国北疆，战略地位十分重要。内蒙古改革发展稳定工作做好了，在全国、在国际上都有积极意义。内蒙古具有民族团结的光荣传统，要在新时代继续保持模范自治区的崇高荣誉。作为乌兰牧骑的一名年轻党员，总书记的谆谆教诲总是回荡在我的脑海里，我时常会思考，乌兰牧骑这样的"小舞台"、这样的"小队伍"，究竟有什么样的魅力能够成为一面旗帜呢？在多次的演出与服务基层的经历中，我也慢慢找到了答案。忠诚于党，热爱人民是我们乌兰牧骑不变的本色，我们以流动的方式，从苏木、嘎查到牧户，为广大农牧民送去了欢乐和文明。乌兰牧骑节目的形式和内容源自人民生活、广大农牧民群众喜闻乐见，乌兰牧骑队员吃苦耐劳、勇往直前。这样的斗志，这样的品质不正是习近平总书记所提出的蒙古马精神吗！想到这些我就澎湃不已，以自己是一名乌兰牧骑队员而感到骄傲和自豪，油然生出为人民鞠躬、为事业尽瘁的真挚情感。

（土默特左旗乌兰牧骑　永庆）

 # 红色文艺盛开在大漠

宋文鹤

1989年12月出生于额济纳旗,汉族,中共党员,国家二级演员。2004年考入额济纳旗乌兰牧骑工作至今,先后从事舞蹈、主持、撰稿、编剧、歌词创作等工作,现任办公室主任。曾4次参加全区乌兰牧骑艺术节,为团队赢得3次团体金奖、1次团体银奖。深入基层、进军营、送文化下乡演出、赴外艺术交流达到2000场次。

编剧作品有《英雄的马鞭》《当你老了》《双面镜》等,创作歌词有《春回大地》《爱在额济纳》《与你同在》《向阳而生》《神舟问天》等。

2018年9月参演作品《陶布秀尔情》获内蒙古第五届蒙古舞大赛表演铜奖,2019年9月参演作品《萨吾尔登奈热》获中国·国际蒙古舞艺术展演表演铜奖,2022年1月参演作品《飞扬》获第十届华北五省(区)市舞蹈大赛表演二等奖,2022年8月参演小品《共度》荣获第九届全区乌兰牧骑艺术节表演一等奖。

在幅员辽阔的内蒙古大地，有一支红色文化队伍，常年辗转跋涉在戈壁草原，广袤大漠。自1957年诞生以来，为响应党的号召，这支文化队伍将党的温暖、先进文化、时代主旋律以群众喜闻乐见的文艺形式送到偏远地区及农牧民身边。这就是受广大农牧民喜爱的红色文艺轻骑兵——乌兰牧骑。

乌兰牧骑是中国共产党一手创建的文艺工作队伍，具有鲜明的红色基因。位于内蒙古最西部的额济纳旗乌兰牧骑始建于1961年。60多年来，额济纳乌兰牧骑不忘党的嘱托和人民的殷切希望，扎根在大漠戈壁，和全区乌兰牧骑一道，以弘扬中华民族优秀文化为己任，常年活跃在最基层，活跃在农牧民群众身边，足迹踏遍了额济纳11.46万平方公里的每个角落。我们深入农牧区最基层、边防哨所、社区学校、偏远地区和贫困地区，为基层群众提供文艺演出、理论宣讲、政策咨询、科技培训、法律普及等各类服务，形成了"乌兰牧骑+"这一中国特色志愿服务新方式。在农忙牧忙时节这支队伍还曾主动为农牧民群众承担起梳羊绒、剪驼毛、打草垛、干农活等任务。由于额济纳乌兰牧骑队员大多数来自农牧区，干起活来也得心应手，极大缓解了在农忙牧忙时节缺人手的窘境，为农牧民增产增收贡献了一份力量。

尤其是增产增收方面，我们为农牧民提供了大力帮助。在11.46万平方公里的额济纳大地上，牧民居住很分散，额济纳旗乌兰牧骑为缓解农牧民每年缺乏劳动力的窘境，在4—5月，深入农牧区最基层，帮助困难群众梳羊绒、剪驼毛、扎围栏、打草垛。每年为农牧民剪驼毛近300峰、梳羊绒达800只、扎围栏10余公里。

回顾额济纳被乌兰牧骑的成长历史，正是一代代乌兰牧骑队员迎风雪、冒寒暑，长期在戈壁、草原上辗转跋涉，以天为幕布，以地为舞台，为广大农牧民送去欢乐和文明，传递党的声音和关怀的历史见证。

（额济纳旗乌兰牧骑　宋文鹤）

让乌兰牧骑这面旗帜永远飘扬在河套大地上

朱小芸

1971年10月出生于巴彦淖尔市杭锦后旗,汉族,中共党员,政工师。1992年7月参加工作,擅长写作、作词、编剧、导演、书法等。2019年9月至2022年8月,任杭锦后旗乌兰牧骑艺术总监。2022年9月至今,在杭锦后旗文体旅游广电局工作。

多部作品获得自治区和市级优秀创作奖、表演奖及"五个一工程"奖。2004年被内蒙古自治区妇联评为实施"春蕾计划"先进个人。

现任巴彦淖尔市戏剧曲艺家协会副秘书长,巴彦淖尔市作家协会会员,杭锦后旗音乐舞蹈家协会主席,杭锦后旗作家协会理事,杭锦后旗新联会副会长,河套书院文艺部部长。

2017年11月21日,习近平总书记给内蒙古锡林郭勒盟苏尼特右旗乌兰牧骑队员们回信,勉励乌兰牧骑继续扎根生活沃土,服务牧民群众,推动文艺创新,努力创作更多接地气、传得开、留得下的优秀作品,永远做草原上的"红色文艺轻骑兵"。

乌兰牧骑是全国文艺战线的一面旗帜,中国第一支乌兰牧骑就诞生在锡林郭勒大草原。收到习近平总书记的回信后,全区各地乌兰牧骑深受鼓舞,各支乌兰牧骑通过开展"大培训、大创作、大演出"活动,不断加强队伍建设,用心用情创作了一大批现实题材的作品。

为深入贯彻习近平总书记回信精神,我们杭锦后旗乌兰牧骑每年都完成100场的演出任务,演出以声乐、舞蹈、器乐、小品、曲艺等艺术形式呈现,在创作和演出中突出服务农牧民的定位,演出按照舞台在草原上田地里,走近农牧民身边的形式进行编排。

仅2021年,杭锦后旗乌兰牧骑就开展了"永远跟党走"第十八届河套文化艺术节杭锦后旗乌兰牧骑专场文艺演出,杭锦后旗庆祝建党100周年专场文艺演出,"我们的中国梦"——文化进万家、"草原儿女爱祖国 中华民族共团圆"、"党旗高高飘扬"、"我为群众办实事"三下乡、"我帮你"新时代文明实践志愿服务、"送欢乐、送文明"下基层等文艺活动,将各主题内容融入节目中,通过歌曲、舞蹈、快板、戏剧小品等形式传递到广大人民群众的心里,在经济社会发展、民族团结稳定、建设社会主义新农村新牧区等各个方面体现出乌兰牧骑的职能和作用。

为提高作品质量,重点加强现实题材作品的创作,确定创作重点和方向,我们聘请专家对作品进行打磨提升。围绕习近平总书记重要指示精神、中国共产党成立100周年和铸牢中华民族共同体意识等重大主题,杭锦后旗乌兰牧骑组织创作了歌曲《中华民族共同体》、小品《老英雄的情怀》《军礼》《红色情怀》《古镇响起的歌声》、小戏《河套英雄》、舞蹈

《黎明》《永远的红旗》等一批作品。尤其是《老英雄的情怀》《红色情怀》两部作品获得了2021年市里文艺创作生产专项资金扶持。

行动是最好的贯彻，在文艺演出、文化辅导、政策宣讲、技能培训、等服务项目方面，杭锦后旗乌兰牧骑时刻深入贯彻习近平总书记关于乌兰牧骑事业发展的重要指示精神，让党的宣传思想工作在基层实起来、强起来，让党的创新理论"飞入寻常百姓家"，不断满足广大农牧民的精神文化需求，畅通宣传群众、教育群众、服务群众的"最后一公里"。

新时代要有新气象，新使命更要有新作为。我们杭锦后旗乌兰牧骑全体队员将认真贯彻落实习近平总书记的重要指示精神，始终保持乌兰牧骑的红色血液不变，扎根草原、服务人民的优良传统不变，"一专多能"、精干灵活的特点不变，牢记使命，推动文艺创新，立志创作更多接地气、传得开、留得下的优秀作品，当好草原上的"红色文艺轻骑兵"，让乌兰牧骑这面旗帜永远高高飘扬在河套大地上！

（杭锦后旗乌兰牧骑　朱小芸）

 # 我与满洲里市乌兰牧骑共同成长

陈晓霞

1971年9月出生于满洲里市,蒙古族。1986年参加工作,大学本科学历,中级职称,现任满洲里市乌兰牧骑出纳。曾获得满洲里市劳动模范、满洲里市巾帼建功先进个人、满洲里口岸输运先进个人等荣誉称号。

乌兰牧骑是全国文艺战线的一面旗帜。2021年7月，我有幸成为满洲里市乌兰牧骑的一分子。我虽然不是一线的文艺工作者，作为一名专职财务人员，我见证了满洲里市乌兰牧骑的成立、成长过程，我为能在满洲里市乌兰牧骑工作而自豪。

满洲里市乌兰牧骑全体队员，在队长的带领下认真学习了习近平总书记给内蒙古自治区苏尼特右旗乌兰牧骑队员们的回信，让我了解了满洲里市乌兰牧骑成立的初衷，同时也了解了乌兰牧骑的历史沿革。乌兰牧骑的蒙古语原意是"红色的嫩芽"，后被引申为"红色文艺轻骑兵"，是适应牧区和半农半牧区生产生活特点而诞生的文化工作队。1957年6月17日，全国第一支乌兰牧骑在内蒙古自治区锡林郭勒盟苏尼特右旗成立，60多年来，一代代乌兰牧骑队员迎风雪、冒寒暑，长期在戈壁、草原上辗转跋涉，以天为幕布，以地为舞台，为广大农牧民送去了欢乐和文明，传递了党的声音和关怀。习近平总书记在给苏尼特右旗乌兰牧骑队员们的回信中指出，在新时代，希望你们以党的十九大精神为指引，大力弘扬乌兰牧骑的优良传统，扎根生活沃土，服务牧民群众，推动文艺创新，努力创作更多接地气、传得开、留得下的优秀作品，永远做草原上的"红色文艺轻骑兵"。习近平总书记给乌兰牧骑队员们的回信充分体现了党中央和习近平总书记对基层文艺工作者的关心关怀，是我们扎根基层、服务基层，做好新时代乌兰牧骑工作的强大动力。

习近平总书记在文艺工作座谈会上强调，广大文艺工作者要始终坚持为人民服务、为社会主义服务，坚持百花齐放、百家争鸣，坚持创造性转化、创新性发展，坚定文化自信，坚持以人民为中心，坚持文艺创新，在深入生活、扎根人民中进行无愧于时代的文艺创造，努力创作出更多接地气、传得开、留得下的优秀作品。引导广大文艺工作者自觉投身到讴歌党、讴歌祖国、讴歌人民、讴歌英雄的作品创作中来。通过学习习近平总书记文艺工作座谈会上的讲话，让我更加深刻认识到了我们乌兰牧骑的使命。我虽然上不了一线幕前服务人民，但我会做好本职工作，为满洲里市乌兰牧骑的后勤保障工作保驾护航。

习近平总书记在内蒙古考察并指导开展"不忘初心、牢记使命"主题教育时强调，乌兰牧骑很接地气，群众喜闻乐见，永远不会过时。中国特色社会主义进入新时代，大力弘扬乌兰牧骑优良传统，要始终坚持党的领导，以培育和践行社会主义核心价值观为抓手，以制度化建设提升工作水平，发扬乌兰牧骑团结互助精神，更好地服务群众、服务基层。通过学习习近平总书记关于"不忘初心、牢记使命"重要论述，使我对中国共产党的初心和使命有了全面、深入的了解。我虽然不是共产党员，但我一直以共产党员的标准要求自己。为中国人民谋幸福，为中华民族谋复兴，是中国共产党人的初心和使命。乌兰牧骑是党一手创建的文艺工作队伍，具有鲜明的红色基因。乌兰牧骑始终在党的领导下开展工作，宣传党的理论和路线方针政策，把党的声音和关怀传遍千里草原，引导人民群众感党恩、听党话、跟党走。大力弘扬乌兰牧骑的优良传统，必须保持"红色文艺轻骑兵"的鲜明底色，增强"四个意识"、坚定"四个自信"、做到"两个维护"，以文艺的形式推动学习贯彻习近平新时代中国特色社会主义思想往深里走、往心里走、往实里走，教育引导广大干部群众运用这一科学理论武装头脑、指导实践、推动工作。

弘扬乌兰牧骑的优良传统，还必须要坚持以人民为中心的工作导向，切实为群众服务、为基层服务。始终做到人民在哪里、哪里就是中心，哪里最困难、最偏僻，就先到哪里为群众演出、宣传、辅导、服务，不断提升群众获得感幸福感安全感。以实际行动践行习近平总书记所说的，乌兰牧骑的长盛不衰表明，人民需要艺术，艺术也需要人民。

我们满洲里市乌兰牧骑虽然成立不长，但我愿意和它一起成长，共同见证它辉煌的明天。

（满洲里市乌兰牧骑　陈晓霞）